AF267209

L⁴h
12.68

CAMPAGNE

DE

1870-1871

ARMÉES DE L'EST ET DE LA LOIRE

PREMIÈRE ANNÉE

HISTORIQUE

DU 2e RÉGIMENT DE LANCIERS DE MARCHE SUIVI DE CONSIDÉRATIONS
SOMMAIRES SUR LA GARDE MOBILE, LES SERVICES DES POSTES,
DES AMBULANCES, LA RÉORGANISATION DE L'ARMÉE :

PAR

M. N. DE R. LIEUTENANT DE CAVALERIE,

Habent sua fata libelli.

PERPIGNAN

TYPOGRAPHIE FALIP-TASTU, ROND-POINT DES TANNERIES,

1873.

DÉDICACE

A M. O. DE BELHADE.

Mon cher maître et ami,

Permettez-moi, au nom de votre vieille et constante amitié dont je m'honore profondément, de placer, en tête de cet opuscule, votre nom qui sera son plus grand mérite.

Par votre cœur généreux et chaud de patriotisme, par votre sollicitude si vive pour l'armée, par tant d'autres titres que, eu égard à votre modestie, je n'énumère pas, vous avez pris une large et douloureuse part aux funestes évènements de notre campagne, et nul n'avait, autant que vous, droit à cet hommage que mon seul regret est de ne pouvoir rendre plus digne.

Cet ouvrage, dépourvu de toute prétention, est un résumé succint des évènements militaires auxquels a pris part le 2ᵐᵉ régiment de Lanciers de marche pendant la guerre de 1870-1871. Il est écrit, *currente calamo*, d'après les notes prises au crayon, jour par jour, au bruit du canon, presque toujours sur le lieu de l'action.

On comprendra que, dans de telles conditions, il serait possible qu'il se fut glissé quelque erreur de détail ou quelque inexactitude parmi les faits généraux, mais on saura m'excuser, en raison de la sincérité et de l'impartialité qui m'ont guidé constamment dans la narration comme dans l'appréciation des événements.

J'ai ressenti, plusieurs fois, dans le cours de cet humble travail, la justesse de l'observation de Pascal « LE MOI EST HAÏSSABLE. » Je n'ai pu l'éviter, en raison du genre de ce récit que je destine seulement à une publicité intime.

Je ne me suis pas cru assez autorisé pour publier et commenter la vaillante conduite de mes chefs et de mes camarades, pendant cette campagne laborieuse. J'espère qu'ils auront, un jour, un historien plus digne de leur mérite.

Tout ce que je désire, c'est qu'eux et vous, cher maître que je confonds ici dans une bien sincère affection, ne considérant que l'intention, sachiez excuser la forme et soyez indulgents pour ma main plus exercée à manœuvrer un sabre qu'à manier la plume.

CHAPITRE Ier

Déclaration de guerre. Départ pour Belfort. Premières opérations sur le Rhin, Altkirck, Mulhouse, Huningue. Retraite sur Belfort.

Je n'ai point à examiner, ici, les causes de la funeste guerre que nous entreprenions ; lorsque les clameurs des partis et les passions politiques se seront apaisées, l'histoire, se dégageant enfin des ténèbres qui l'environnent, fera froidement son œuvre et nous les signalera.

Il n'est possible à aucun gonvernement de satisfaire toutes les ambitions, de récompenser tous les mérites et pour être vrai, avouons le : Beaucoup de militaires appelaient, de leurs vœux, cette occasion de montrer de la valeur.

Pour nous, la France était invincible.

Dans l'armée, comme ailleurs, on n'avait point tenu assez compte des avertissements de l'illustre maréchal Niel qui avait eu l'immense douleur de nous démontrer vainement que nos forces disponibles seraient insuffisantes au jour du danger.

La France venait de subir un outrage, outrage prémédité de longtemps. La guerre était inévitable.

Le pouvoir responsable — non des causes de cet outrage, mais de la dignité de la France — ne pouvait éviter la guerre que poar tomber dans la révolution. Nous avons eu l'une et l'autre.

Il est aujourd'hui trop permis de penser qu'en commençant par la révolution, nous aurions eu aussi la guerre et, peut-être, avec des conséquences encore plus désastreuses.

Enfin, à l'insolent défi de la Prusse à l'occasion de la candidature Hohenzollern au trône d'Espagne et malgré les réflexions tardives qui serraient bien des cœurs français, il était encore naturel que le pays et l'armée répondissent par un immense cri d'enthousiasme et de colère. C'était même un devoir — un devoir de la dignité nationale — car nous ne pouvions justifier de notre aveuglement que par l'acclamation de notre bravoure.

Ce devoir, il est vrai, ne pouvait être accompli que par le fait d'un miracle ; mais qui, encore maintenant, oserait dire que ce miracle était impossible chez une nation qui, si souvent, en a réalisé de plus grands.

Et moi même, tout revenu aujourd'hui de la valeur des enthousiasmes populaires, j'ai crié aussi et avec sincérité : A Berlin ! à Berlin !

Il est vrai que j'avais alors cette illusion qui m'est encore bien chère et qui peut, seule, nous consoler et nous faire espérer : c'est que l'on peut et que l'on doit même avoir confiance de vaincre, lorsque l'on est prêt à bien mourir.

Malheureusement ce n'est pas assez cette foi qui découle de la philosophie moderne !

Nous étions alors en garnison à Lyon.

Hélas ! quand je rapproche, par la pensée, cette époque à laquelle je quittais Lyon, de celle où j'y revins, à la fin de la guerre, j'éprouve un serrement de cœur bien douloureux. Quel abîme entre ces deux dates ! Cette grande cité que j'avais laissée si belle et si fière, je la retrouvais, sept mois après, morne, découragée, n'étant plus que son propre fantôme !

C'était un Dimanche, le 24 juillet.

Mon régiment (8me lanciers) avait l'ordre de s'embarquer à minuit. Nous nous rendîmes à la gare où, malgré l'heure et l'obscurité, un grand nombre de personnes étaient venues nous adresser leurs derniers vœux.

A six heures du matin, notre embarquement était terminé ; le régiment était au complet : 50 officiers, 500 hommes de troupes et autant de chevaux. Nous nous rendions, par la Bourgogne, à Belfort où se formait le 7me corps d'armée, sous les ordres du général Félix Douai qui avait pour mission de défendre la trouée car, à ce moment, il y avait lieu de supposer que les Prussiens, dont les opérations n'étaient pas encore dessinées, tenteraient d'entrer par ce côté.

Nous passâmes la journée du 25 en chemin de fer. Il faisait une chaleur torride. Sur tout notre parcours, à chaque gare ou station, la population enthousiaste venait nous acclamer et profitait des temps d'arrêt de notre train, pour offrir à profusion à nos soldats, du pain, de la viande, du vin, des cigares etc., etc.

Ces dons patriotiques qui, en d'autres temps et à dose modérée, eussent pu être profitables à nos hommes, leur furent nuisibles par suite de leur abondance et de leur inopportunité.

Aussi avons nous vu plusieurs fois, pendant le cours de la campagne, beaucoup trop de soldats oublier tout sentiment du devoir que les circonstances rendaient plus impérieux et, cédant à des tentations bestiales, s'enivrer au point de méconnaître l'autorité de leurs chefs.

Nous arrivâmes le 26 à Belfort, et les quelques jours qui suivirent furent employés aux divers soins de notre installation au camp.

Notre corps d'armée qui devait avoir environ 30,000 hommes ne se formait que très lentement ; déjà se montraient ces vices d'organisation qui ont, dans la suite, été si préjudiciables à notre armée.

La première division du corps d'armée (général Conseil Dumesnil) était détachée.

La deuxième division (général Dumont) était encore à Rome.

Enfin, notre division de cavalerie (général baron Ameil) qui devait se composer de cinq régiments, n'en avait que trois (4me hussards, 4me et 8me lanciers). Il nous manquait le 6me hussards et le 6me dragons qui étaient à Lyon et qui n'ont jamais rejoint le corps d'armée.

En résumé, le 7me corps, à son entrée en campagne, n'avait réellement que la moitié (environ) de l'effectif figurant sur le programme de sa constitution.

Dans les premiers jours d'Août, nous levâmes le camp de Belfort et nous nous dirigeâmes sur le Rhin. Notre première étape était Altkirck. Le lendemain, nous arrivions à Mulhouse.

Bien qu'on s'efforçat de conserver vis-à-vis de nous, un secret absolu concernant les opérations militaires, nous savions, grâces à quelques indiscrétions intimes, que notre mouvement était combiné avec celui du maréchal Mac-Mahon qui, disait-on, avait manœuvré de façon à enfermer le Prince Royal dans un cercle infranchissable.

C'était la veille de Reischoffen. Le matin même de cette sanglante journée, le bruit se répandit dans notre camp, que notre général en chef venait de recevoir de Mac-Mahon, ce télégramme d'un laconisme si éloquent :

« Ne bougez pas, je les tiens. »

Et malgré le mystère dont on cherchait à envelopper ces nouvelles, elles se répandaient dans le camp avec une vitesse électrique.

Les figures rayonnaient de joie, les mains se pressaient, on s'embrassait, on se livrait à toutes les démonstrations d'une félicité complète. Hélas! quelques heures plus tard, la fatale vérité était connue et la tristesse la plus navrante venait assombrir nos visages sur bon nombre desquels glissaient furtivement des larmes de désespoir et de rage !

Le brave maréchal Mac-Mahon qui, en dépit de ses infortunes militaires, restera le type le plus pur du soldat français, venait, après des efforts inouïs de bravoure et de valeur, d'être écrasé à Freschwillers.

En vain, nos pauvres soldats avaient déployé, plus que jamais, la vieille *furia francese;* en vain, les héroïques cuirassiers, dignes fils de ceux d'Eylau et de Waterloo, avaient renouvelé ces charges légendaires qui arrêtèrent cependant l'ennemi pendant longtemps et sauvèrent l'armée. Rien n'avait pu résister à ce flot toujours croissant. — Le nombre l'emportait.

Nous quittâmes Mulhouse le 7 août, pour revenir nous abriter sous le canon de Belfort. Nous suivions la route par laquelle nous étions venus ; cependant, afin d'éviter, sans doute, un trop grand encombrement résultant de la marche simultanée des trois armes, artillerie, cavalerie, infanterie, un tiers environ du corps d'armée suivit la route de Dannemarie.

A peine étions nous sortis de Mulhouse que les bruits les plus sinistres commencèrent à circuler ; les versions les plus étranges se répandirent dans cette immense colonne qui défila bientôt dans un grand désordre et avec une précipitation qui donna à cette marche, le caractère le plus accentué d'une déroute.

Le pêle-mêle le plus effroyable se produisit, artilleurs, cavaliers, fantassins se bousculaient dans un chemin étroit, encaissé, dominé par les hauteurs escarpées et couvertes de vignes dans lesquelles, disait-on, se montraient déjà les tirailleurs ennemis d'un corps considérable qui avait franchi le Rhin et allait nous écraser.

Nous arrivâmes à Altkirck à l'entrée de la nuit et aussitôt on assigna à chaque troupe sa place de bataille. La plate-forme sur laquelle repose l'église, fut garnie de nos canons et de troupes d'infanterie. La cavalerie fut envoyée en reconnaissance jusqu'au Rhin.

Nous passâmes ainsi la nuit, sur la défensive de nos positions de combat que nous ne quittâmes qu'au commence- du jour et lorsque la division de cavalerie fut rentrée de reconnaissance.

Nous revînmes à Belfort où nous prîmes nos dispositions pour défendre la route de Paris, si l'ennemi tentait le passage par la trouée. Il n'en fut pas ainsi.

Sous la place inexpugnable de Belfort, nous passames 12 jours à reprendre nos esprits et le 20 août, le régiment s'embarquait à Montbéliard pour se rendre au camp de Châlons où se formait une nouvelle armée qui devait, comme celle de Mérovée au Ve siècle, arrêter cette invasion de barbares.

. . . .

CHAPITRE II

Après Sédan. Situation des dépôts. Formation des régiments de marche. Le 2e lanciers se forme à Poitiers. Départ pour Besançon. De Besançon à Chagny. Embarquement pour Gien. Fusion avec l'armée. Combat de Bois-Commun.

Après l'effroyable désastre de Sedan qui nous enlevait une armée de 100,000 hommes, pour la plupart vieux soldats, aguerris et disciplinés, il ne restait plus à la France de combattants sérieux, que ceux de l'armée de Bazaine qui, à dater de ce jour, fut paralysée sous les murs de Metz.

La garde mobile qui allait entrer en campagne, n'était ni exercée ni équipée et manquait surtout de la chose capitale — des chefs —

D'autre part, les casernes regorgeaient bien d'hommes, mais qu'étaient ces hommes? Des conscrits qui n'avaient encore ni vêtements, ni armes, et à qui on n'avait pas eu le temps de donner les premières notions militaires. Parmi eux étaient quelques anciens soldats rappelés et quelques évadés de Sedan.

C'est cependant avec ces hommes que furent constitués les régiments de marche, composés, pour la cavalerie, de 4 escadrons fournis par les dépôts de 4 régiments différents.

On comprendra qu'il devait y avoir bien des difficultés à vaincre pour homogéiniser ces éléments si divers. Les cadres d'officiers étaient formés de la même façon. Malgré cela on obtint les meilleurs résultats possibles.

Il faut avoir vécu de cette existence fiévreuse des camps en présence de l'ennemi, pour comprendre combien les circonstances modifient les caractères et surtout combien le danger les améliore. Toutes les passions s'effacent alors pour donner passage aux qualités qui sont à l'état latent dans le cœur de certains hommes et que souvent de mauvais instincts paralysent, mais qui percent, à l'occasion, même chez les plus pervers. Chacun apporte à la vie commune son contingent de soins, de prévenances, de gaieté, car, sachant que sa vie est constamment menacée, chacun sait aussi qu'on est plus fort quand on est uni et qu'on peut compter sur le dévouement de ses camarades.

Du 15 au 30 octobre, le 2ᵐᵉ lanciers de marche s'était formé à Poitiers, à l'aide de 4 escadrons venant des 1ᵉʳ, 5ᵉ, 7ᵉ et 8ᵉ lanciers, sous le commandement du lieutenant-colonel Basserie.

Le 31, nous nous embarquions pour aller rejoindre à Besançon l'armée de l'Est qui, sous les ordres du général Cambriels, venait d'avoir un succès au combat de Châtillon. A

Cambriels venait de succéder le général Michel qui ne conser-
va que 8 jours son commandement qu'il céda au général
Crouzat.

Je ne puis laisser passer, sans une mention spéciale, notre
départ de Poitiers qui s'effectua avec un ordre et un calme
qui ont été admirés par la population, au moment même où
les passions des partis éclataient, avec une nouvelle violence,
sous l'influence du funeste événement de la capitulation de
Metz. Pas un murmure ! Pas un cri ! Pas une forfanterie !
Nos soldats silencieux et animés de cet esprit de froide résignation qui est le véritable cachet de la bravoure, semblaient
élever leurs âmes au-dessus des atteintes de l'infortune.

Ils partaient, fermes et résolus, prêts à tous les sacrifices,
ayant fait abnégation complète de leur existence pour le salut de la patrie et montraient cette fière attitude que devaient avoir les gladiateurs romains, marchant au trépas :

« *Ave, Cœsar, morituri te salutant.* »

Nous quittâmes Besançon le 8 novembre pour nous rendre à Chagny, où devait s'embarquer tout le corps d'armée
pour aller renforcer à Gien, l'armée de la Loire qui devait
opérer en avant de la forêt d'Orléans.

Cette marche entre Besançon et Chagny était périlleuse. A
une faible distance sur notre flanc droit, était l'armée de
Werder qui nous menaçait constamment ; mais qui ne nous
attaqua pas, bien qu'elle nous semblait avoir toute raison
de le faire. Nous en fûmes quittes pour quelques alertes,
dont l'une plus grave, nécessita une prise d'armes, pendant
la nuit à Sermesse.

Notre corps d'armée s'embarqua donc à Chagny, à destination de Gien ; le dernier jour de cette opération qui en prit 6 ou 7, on conçut des inquiétudes pour notre régiment resté le dernier et qui par des reconnaissances réitérées aux environs de Chagny, contenait les éclaireurs ennemis qui s'approchaient de plus en plus. Aussi, par une légitime mesure de prudence, il fut décidé que, trompant la surveillance de Werder, nous nous échapperions silencieusement, par une marche de nuit et irions prendre la voie ferrée à Monchanin qui est à 8 lieues de Chagny. Nous arrivâmes sans obstacles.

Nous passâmes 2 jours à Gien à nous fusionner avec l'armée de la Loire dans laquelle nous comptions désormais sous le titre de 20ᵉ corps, toujours sous le commandement du général Crouzat.

Le 22 novembre, le corps d'armée se mettait en marche pour aller prendre sa place de bataille en avant de la Forêt d'Orléans, à l'aile droite de la grande armée de la Loire Notre première étape fut Bray. Le lendemain, nous arrivions à Sury aux Bois sur le canal d'Orléans.

Pendant la nuit suivante, un de nos escadrons de grand garde fit prisonniers 1 officier et 1 soldat prussiens, ce qui nous fit espérer que nous ne tarderions pas à rencontrer l'armée que nous allions combattre et qui était commandée, disait-on, par le prince Frédéric-Charles, en personne.

Le 24 au matin, le capitaine commandant l'escadron d'extrême avant garde (M. Hubert) qui était allé explorer le bourg de Bois-Commun, faisait informer le lieutenant-colonel commandant le régiment qui, à ce moment, se trouvait à 12 kilomètres en arrière, près de Bellegarde, qu'un fort parti d'infanterie ennemie, abritée derrière des murs et des haies, se montrait aux abords de Bois-Commun et paraissait se disposer au combat ; il ajoutait qu'en raison de son infériorité numérique, il craignait de ne pouvoir tenir longtemps. Ce rapport fut transmis au général de division qui était encore loin, en arrière. Le général informa le capitaine Hubert qu'il marchait à son secours avec la Division et qu'en l'attendant, il ait à se maintenir à Bois-Commun, avec l'aide des francs-tireurs qui devaient être vers ce point. Ces derniers n'y arrivèrent que longtemps après.

Peu de temps s'était écoulé que de nouveaux renseignements annonçaient un grand déploiement de forces de la part de l'ennemi. Notre escadron était sérieusement menacé. Le Colonel ayant pris, une dernière fois, les instructions du Général en Chef, se porta rapidement à son secours, avec les forces qu'il avait sous la main, c'est-à-dire environ 200 hommes.

Indépendamment de la lance et du sabre, nos hommes étaient armés de révolver Remington, excellente arme dont le seul défaut est d'être difficile à charger, mais dont le tir est très juste et d'une longue portée.

Le bourg de Bois-Commun est sillonné par de petites rues étroites qui viennent aboutir, après avoir traversé la place centrale, à une grande route qui conduit au village de Monbarrois, situé à 800 mètres environ.

Un boulevard contourne le bourg.

Le capitaine Hubert, contraint de se replier, venait se former à notre gauche. Pendant ce temps, une forte colonne de dragons Hessois, au nombre d'environ 500, entrait dans Bois-Commun du côté opposé à celui par lequel nous arrivions, ignorant certainement notre présence sur ce point.

Après avoir rapidement rangé sa troupe en bataille et lui avoir adressé quelques énergiques exhortations, notre brave colonel, en tête du régiment, commanda « Au galop, puis chargez » et enfin, brandissant son sabre, nous l'entendîmes s'écrier « Vive la France. »

Que se passa-t-il alors? une scène indescriptible.

Les dragons Hessois, surpris par la rapidité de notre marche furent décontenancés; nos soldats lancés à fond de train s'engagèrent dans les rues et sur le boulevard extérieur où ils allèrent, avec une violente force de projection, heurter les cavaliers ennemis (¹).

Alors s'engagea un combat corps à corps qui dura environ dix minutes; nos hommes ayant tiré leurs six coups de revolvers avec une précipitation qui nuisait à la justesse, se servirent du sabre ou de la lance.

Beaucoup de chevaux étaient tombés par suite d'une couche épaisse de verglas qui recouvrait les rues; dragons et lanciers étaient confondus dans un affreux pêle-mêle et sans les couleurs complètement tranchées des manteaux de l'ennemi qui étaient noirs et les nôtres qui étaient blancs, il eût pu se commettre de fatales méprises dans cette lutte acharnée.

---

(1) Les cavaliers ennemis avaient, avec le sabre, un fusil court.

La cavalerie ennemie se retira en désordre sur la route de Monbarrois, nos cavaliers l'y poursuivirent, mais un retour offensif de l'infanterie prussienne en grandes forces, nous obligea à nous replier.

A ce moment, heureusement, arrivaient les francs-tireurs du Haut-Rhin, sous le commandement de M. de Luppé, qui gardèrent la position.

En résumé, nous restâmes maîtres de la place, laissant sur le carreau bon nombre de tués ou blessés ; nous fîmes en outre, 9 prisonniers dont 5 officiers.

Malheureusement, nos pertes furent graves, bien que comparativement faibles. Nous eûmes la douleur de perdre notre digne colonel (1) qui, victime de son courage, s'était laissé entrainer dans la poursuite de l'ennemi, avait été grièvement blessé de dix coups de sabre à la tête et fait prisonnier.

Deux officiers, M. Lowembrück, lieutenant, et Collet, sous-lieutenant, furent également blessés et prisonniers.

M. Gamet de Saint-Germain, chef d'escadron, reçut une blessure.

M. Ducauzé de Nazelle, capitaine adjudant-major, reçut un coup de sabre à la figure. (2)

Enfin quatre lanciers tués et cinq blessés ou prisonniers, tel fut le bilan de cette journée dans laquelle notre régi-

---

(1) Après une longue et douloureuse convalescence, notre Chef a pu se rétablir et est aujourd'hui Lieutenant-Colonel au 11e Chasseurs. Il a été fait officier de la Légion-d'Honneur pour sa belle conduite dans ce combat.

(2) M. de Nazelle a été fait chevalier de la Légion d'Honneur en récompense de sa bravoure à Bois-Commun.

ment se distingua et mérita non-seulement les honneurs d'une citation à l'ordre de l'armée, mais encore des témoignages non équivoques d'estime de la part des officiers ennemis que nous avions combattus et qui disaient hautement :

« Uhlans français (lanciers) bonne cavalerie. »

Voici le texte de l'ordre du jour du commandant en chef le 20me corps, le lendemain du combat de Bois-Commun.

« Le 2me lanciers de marche a chargé et renversé les escadrons ennemis avec la plus grande bravoure. »

Signé : Général Crouzat.

CHAPITRE III.

Le baptême du feu. Combat de Ladon. La stratégie au bivouac. Bataille de Beaune-la-Rolande. Nouveau combat de Bois-Commun.

Ce premier fait d'armes enthousiasma nos hommes qui, je suis heureux de le dire, ne méritaient que des éloges pour leur bravoure, leur bonne conduite et leur énergique résignation au milieu des privations de toutes sortes qu'ils eurent à endurer pendant cette longue et périlleuse campagne.

Ils étaient fiers d'avoir reçu le baptême du feu d'une façon brillante. Nos jeunes soldats qui étaient en majorité, avaient débuté par des coups de maître et avaient prouvé une fois de plus que la valeur n'attend pas toujours le nombre des années.

Pendant que nous combattions corps à corps à Bois-Commun, une action générale s'engageait sur notre droite au village de Ladon ; nous fûmes placés en réserve et assistâmes passivement (1) à cette affaire qui se termina à la nuit, par la déroute de l'ennemi, laissant sur le carreau, bon nombre d'hommes.

Nous obtînmes, dans cette journée, un succès sérieux dont on ne recueillit pas les avantages, par suite du défaut de direction.

Nous étions décidément en présence de l'ennemi qui occupait une ligne étendue, mais dont le centre d'opération était la petite ville de Beaune-la-Rolande.

Les trois jours qui suivirent les combats de Bois Commun et de Ladon, se passèrent à escarmoucher de part et d'autre, à faire des reconnaissances dans le but de se renseigner sur les positions de l'ennemi.

Une grande affaire était imminente, tout le faisait pressentir.

Nos soldats qui avaient hâte d'en venir aux mains, se réjouissaient d'avance de cet évènement qu'ils pressentaient très proche.

Une des distractions les plus agréables dans les camps où elles sont rares et qui a, pour moi, un attrait toujours nouveau, est d'entendre les soldats, entr'eux, deviser sur les opérations militaires, tracer des plans, enlever des positions, faire évoluer les corps d'armée, enfin, exercer leur verve stratégique en termes *sui generis* et avec une logique d'autant plus serrée qu'elle n'admet pas de controverse.

---

(1) Le quatrième escadron du régiment, (capitaine de Lassalle) prit une part active au combat de Ladon.

Au milieu des billevesées nombreuses débitées dans ces Conseils de guerre improvisés, un observateur pourrait remarquer des idées souvent très judicieuses, marquées au coin du jugement le plus sain et dont on pourrait tirer profit.

Le plus grand général des temps modernes, Napoléon Ier, ne dédaignait pas les avis quelle que fût leur provenance et c'est à son immense faculté de discernement en ce genre qu'il dût de distinguer dans les rangs infimes de la hiérarchie, ces hommes qu'un seul mot d'esprit ou de sang froid désignait à son choix, toujours juste, et qui sont devenus les grandes gloires militaires de la France.

Le 27 au soir, nous apprenions qu'une attaque générale ayant été décidée par le gouvernement de la Défense nationale, l'armée de la Loire tout entière allait tenter de débloquer Paris.

Notre ligne de bataille s'étendait entre Montargis et Pithiviers, sur un front très développé.

L'attaque fût résolue pour le 28.

Deux corps, le 18me et le 20me aidés des troupes auxiliaires du général Cathelineau, devaient concourir à enlever la ville de Beaune-la-Rolande, de laquelle on prévoyait une résistance énergique.

Le 18me corps (général Billot) avait pour mission particulière de s'emparer de Juranville, bourg important situé sur son passage et fortement défendu, et de venir ensuite attaquer Beaune.

Le 20me corps (général Crouzat) devait, aidé du général Cathelineau, enlever les villages de Nancray, Saint-Michel,

Batilly et arrivé à ce dernier point, prendre ses dispositions de façon à contenir les renforts qui pourraient arriver de Pithiviers, afin de laisser au 18me corps, toute facilité d'exécution.

Ce plan nous sembla bien conçu; malheureusement, sur les champs de bataille, plus encore que nulle part, il y a loin de la conception d'un projet à sa réalisation, et les événements les plus imprévus viennent souvent obliger un général en chef à modifier complètement sa tactique.

Notre corps (le 20me) se mit en marche à six heures du matin; le temps était sombre et brumeux; il devint clair et le soleil se montra vers midi. — C'est le soleil d'Austerlitz, disions-nous, qui devance de quelques jours son anniversaire! Hélas! il n'en devait pas être ainsi.

Une immense ligne de tirailleurs se déploya dans les champs et les vignes; nous occupâmes Nancray, Saint-Michel et Batilly, sans éprouver de résistance.

L'ennemi fuyait devant nous pour aller s'abriter dans les murs de Beaune qui étaient barricadés et crénelés et dans lesquels, depuis plusieurs jours, on avait exécuté des travaux de défense.

Arrivé sur le plateau qui domine la ville, le 20me corps dont la mission active devait être terminée, s'arrêta environ une heure, attendant l'arrivée du 18me dont on entendait le canon au loin, sur la droite. Il était alors une heure. Les jours sont très courts à cette époque de l'année. La crainte de n'avoir pas le temps nécessaire pour exécuter les opérations prescrites fut, sans doute, cause que notre général en chef, lassé de ne pas voir arriver le 18me corps, lança le 20me à l'attaque de la ville.

Que faisait, en ce moment, le 18me corps ?

Il avait enlevé, avec de grandes difficultés, le bourg de Juranville qui avait été repris par l'ennemi, puis l'avait repris et s'y était établi solidement, de là ce retard qui avait obligé le 20me corps, à se substituer au 18me.

Arrivés à 5 ou 600 mètres des murs de Beaume, nos soldats déployés en tirailleurs dans une immense plaine nue, furent accueillis par des décharges meurtrières ; une vive canonade se fit entendre, la bataille s'engageait sur toute la ligne.

Les conditions étaient bien différentes ; nos soldats qui n'avaient pas même pour s'abriter, un arbre ou un accident de terrain, tiraient, au contraire, sur un ennemi invisible embusqué derrière des murs et des barricades. Malgré cette inégalité de lutte, nous gagnions du terrain et quelques-uns de nos hommes commençaient à pénétrer dans la ville sous une grêle de balles et de mitraille, lorsque tout-à-coup le canon se fit entendre sur notre gauche du côté que nous avions été chargés d'observer en principe, mais que notre entrée en ligne nous avait contraint de négliger.

Bientôt nous vîmes arriver sur les crêtes qui nous dominaient à 7 ou 800 mètres, ces fameux Uhlans lesquels, ainsi que ces sinistres oiseaux de mer qui présagent les tempêtes, sont de funestes augures et précèdent toujours leur infanterie derrière laquelle ils disparaissent aussitôt que l'action est engagée. Plus de doutes, c'était bien du renfort qui arrivait si opportunément au secours de nos ennemis qui commençaient à perdre du terrain.

En effet, 200,000 hommes de troupes fraîches, commandés par le duc de Mecklembourg, entraient en ligne. Il était alors 4 heures du soir.

A dater de ce moment, la face des choses changea. Nos troupes, déjà épuisées par cette lutte inégale de 4 heures sous un feu meurtrier, furent visiblement ébranlées par l'arrivée de ces nouvelles forces adverses qui ne laissaient plus d'espoir de succès à nos armes.

Aussi, une quantité malheureusement trop grande de soldats de la mobile, lâchèrent pied et fuirent le champ de bataille où continuaient à lutter d'autres troupes plus solides et surtout mieux commandées.

Le 18me corps arriva sur le champ de bataille vers la fin de la journée, malheureusement trop tard. J'eus, en cette circonstance, la triste mission, donnée par mon Colonel, [1] de ramener au combat, les déserteurs dont le nombre allait toujours grossissant. J'avais avec moi, pour exécuter cet ordre pénible, mon peloton composé de 50 hommes.

Je cherchai d'abord, par des exhortations bienveillantes à ranimer chez ces infortunés, les sentiments de l'honneur et du devoir paralysés par ces folles terreurs si désastreuses dans nos rangs, mais je dus renoncer bientôt à ce système de paternité en présence d'une désertion générale dans laquelle, il faut bien l'avouer, hélas! je rencontrai plusieurs officiers. — Dès lors, m'inspirant de l'autorité qui m'était

---

[1] Après le combat de Bois-Commun et pendant tout le reste de la campagne, le régiment fut commandé par le lieutenant-colonel Alliot.

dévolue, je n'hésitai pas à user de menaces et de rigueur et je parvins à ramener au combat, ces tristes soldats qui ne tardèrent pas à se débander de nouveau.

La nuit était arrivée et les deux armées conservèrent leurs positions respectives, de telle façon qu'aucune ne pût s'attribuer la victoire ; mais nous éprouvions un échec par le fait de n'avoir pu nous emparer de la ville de Beaune-la-Rolande.

Nous rentrâmes, pendant la nuit, dans nos positions de la veille, et l'ennemi reprit également les siennes.

On évaluait à 1,500 hommes environ les pertes de notre corps pendant cette journée. Celles de l'ennemi, d'après les renseignements obtenus furent de 6,000 hommes.

La journée du 29 ne fut marquée par aucun fait important. Il y eût, comme d'habitude, quelques coups de feu échangés aux avant-postes.

Le 29 au soir, je fus, avec mon peloton, envoyé en grand-garde au bourg de Bois-Commun autour duquel l'ennemi semblait se concentrer et se disposer à une attaque. Je trouvai là un bataillon de mobiles de Haute-Saône et une compagnie de francs-tireurs qui gardaient les avenues et veillaient derrière des retranchements improvisés. Je conservai mes chevaux sellés et bridés et je donnai l'ordre à mes hommes d'être constamment en éveil, car nous devions nous attendre à une attaque prochaine.

A quelques rares exceptions près, les Prussiens ne nous ont pas attaqués de nuit pendant cette campagne et cela, sans doute, parce qu'ils savent que les ténèbres paralysent la valeur individuelle, occasionnent des méprises fatales et que dans les combats nocturnes, l'assaillant, quand il n'éprouve pas d'échecs sérieux, ne retire de son succès que de médiocres avantages.

C'est presque toujours aux premières lueurs de l'aube qu'ils commencent les hostilités et dans ce but, ils marchent souvent toute la nuit, pour établir leurs troupes aux différents points qui leur sont assignés.

Les rapports des vedettes nous signalaient, à chaque instant, un mouvement anormal aux avant-postes ennemis ; on constatait de toutes parts des indices de préparatifs à une attaque que nous comptions devoir être faite aussitôt que le petit jour apparaîtrait. L'évènement nous donna raison.

Vers 6 heures 1/2 du matin une vive fusillade s'engageait simultanément sur plusieurs points entre nos tirailleurs embusqués derrière leurs ouvrages de défense et des troupes ennemies qui s'avançaient, par la route de Monbarrois.

Voulant me procurer des renseignements d'une nature exacte sur l'importance de l'attaque, je sautai à cheval escorté de deux cavaliers et me portai au galop dans la direction du feu. En passant auprès des mobiles placés derrière la barricade qui fermait la route même de Monbarrois et que je franchis, on me prévint qu'un parti de uhlans s'était montré à une faible distance et devait être derrière un petit bois qu'on me montra. Aussitôt, je dépêchai un de mes deux cavaliers vers le sous-officier à qui j'avais remis provisoirement le commandement du peloton, lui faisant donner l'ordre de me rejoindre en toute hâte, afin que nous puissions charger ces cavaliers ennemis, s'il y avait lieu de le faire.

Pendant ce temps je continuai à m'avancer et bientôt j'arrivai à l'entrée du village de Monbarrois.

J'aperçus, sur la route, deux cavaliers enveloppés de manteaux noirs et à demi couchés sur leurs chevaux dans une attitude qui ne me parût nullement hostile.

Ayant été prévenu qu'une reconnaissance avait été envoyée dans cette direction, je crus reconnaître en eux, deux chefs de franc-tireurs ou de mobiles et ma croyance fut partagée par le lancier qui m'accompagnait.

Il faisait à peine jour, nous arrivions à quelques mètres de ces deux hommes, lorsque mon lancier qui venait de distinguer les casques des deux hommes qui étaient des dragons hessois fit une brusque volte face. J'aperçus alors deux rangées de soldats d'infanterie couchés dans les fossés de la grande route et qui se relevant aussitôt firent feu sur nous presqu'à bout portant.

Mon lancier fut tué raide, il avait reçu 10 balles dans la partie supérieure de la poitrine. J'eus la triste consolation d'enlever son cadavre à l'ennemi. Je fus préservé miraculeusement par le fait de mon brusque abaissement sur l'encolure de mon cheval, de telle sorte que toutes les balles passèrent un peu au-dessus de ma tête.

Pendant que ces événements se passaient à Bois-Commun le corps d'armée avait pris les armes et engageait, sur plusieurs points, un combat faible, indécis et qui se termina sans avantages réciproques.

Le soir, nous quittions définitivement ce cantonnement que nous occupions depuis 6 jours et nous allions nous établir au village de Chambon, à 2 kilomètres de Nancray, bourg occupé par l'ennemi.

CHAPITRE IV

Chambon. L'armée prussienne marche sur Orléans. Bataille de Chilleurs aux bois. Reprise d'Orléans par les Prussiens. Bourbaki. Concentration de troupes à Bourges. Nevers. Châlons-sur-Saône. Dôle. Le 1er janvier au régiment. Route de Belfort.

Nous restâmes trois jours à Chambon, nos vedettes en regard des vedettes prussiennes, poussant nos reconnaissances jusqu'à leurs avant-postes, enfin nous observant de part et d'autre.

Le 2 décembre, dans la soirée, un capitaine du régiment (M. Ferrot) de garde avancée, fit informer le général en chef que, depuis 7 h. du soir, on entendait incessamment et très distinctement un grand bruit d'armes et de voitures sur la grande route d'Orléans et qu'il y avait lieu de supposer que l'ennemi exécutait un mouvement d'ensemble.

Le général fit donner l'ordre à notre colonel de désigner un officier qui se rendrait immédiatement le plus près possible de la route sur laquelle passaient ces convois, de façon à bien reconnaître la nature de ce matériel, la direction qu'il avait suivie et celle vers laquelle il se dirigeait. Le sort me désigna. Il était minuit. Je me rendis à pied, escorté de deux cavaliers vers l'endroit indiqué et je pus, en effet, constater que c'était l'artillerie ennemie qui venait de Beaune-la-Rollande par. la *Via César* et qui suivait la route d'Orléans. Il y avait également de l'infanterie et de la cavalerie. Je rendis compte de ma mission au général.

Le lendemain, 3, aux premières lueurs du jour, le canon grondait violemment à 5 ou 6 kilomètres de nous. C'était le 15ᵐᵉ corps (Martin des Pallières) que Frédéric Charles avait trouvé sur son passage et qu'il écrasait à Chilleurs-aux-Bois, pendant que nous écoutions, immobiles, les mugissements de la bataille.

A quoi attribuer notre attitude passive qui, il nous semblait, eut pu si aisément être modifiée au profit de nos frères d'armes ? Mystère ! Mystère !

Après la bataille si malheureuse pour nos armes, de Chilleurs, l'armée ennemie, ne perdant pas un instant, se précipitait à marches forcées sur Orléans.

Nous nous mîmes en marche, le 4 au matin, sur une route parallèle à celle que suivait l'armée prussienne, avec le dessein évident d'arriver avant elle sous les murs d'Orléans ; mais il était trop tard, et lorsque nous fûmes à 8 kilomètres de cette ville, à un petit village appelé Pont-aux-Moines, notre colonne aperçut en avant sur les hauteurs qui nous dominaient, un rideau de troupes ennemies qui nous barraient le passage.

Ordre fut aussitôt donné au corps d'armée de gagner les crêtes opposées par une marche de flanc qui s'exécuta plus que rapidement.

Nous gagnâmes Jargeau, dont on fit sauter le pont après notre passage, et l'ennemi s'emparait d'Orléans presque sans résistance,

Jusqu'alors la température avait été sinon agréable, tout au moins modérée, mais à partir de ce moment jusqu'à la fin de cette triste campagne, nous ne devons plus avoir que de la neige, de la boue, du verglas et un froid excessif.

Le général Bourbaki venait de prendre le commandement en chef de l'armée de la Loire. Nous apprîmes cette nouvelle avec un vif sentiment de joie et d'espérance, car en dehors de cette bravoure chevaleresque qui lui a valu l'admiration de toute l'armée, nous connaissions à ce général des talents militaires incontestables et dont plus que jamais nous éprouvions le besoin.

Le premier acte de Bourbaki fut de concentrer notre armée désorganisée par les combats, les intempéries, les fatigues et privations, toutes causes qui réduisent les effectifs des combattants, dans de graves proportions.

D'Argent nous nous dirigeâmes sur Bourges où nous arrivâmes le 9, après une marche de 52 kilomètres, sur une route couverte de neige et d'un verglas si glissant, que nos malheureux chevaux n'avançaient qu'avec les plus grandes difficultés et tombaient fréquemment.

Nous restâmes dans cette ville ou aux environs une quinzaine de jours; l'ennemi qui occupait Vierzon n'osa pas nous attaquer; les faits militaires de cette période se réduisirent à quelques escarmouches insignifiantes.

Nous nous dirigeâmes sur Nevers où nous passâmes quatre jours campés les 19, 20, 21 et 22 décembre, par la température la plus rigoureuse que nous ayons jamais subie.

Le 23 nous partions en chemin de fer pour Châlons-sur-Saône où nous débarquions le 24 au matin. Le même jour nous nous portions à St-Martin en Bresse où la neige devint si épaisse que nous dûmes y séjourner. Le 29, malgré les plus grands obstacles à notre locomotion, nous nous acheminions vers Dôle que nous traversâmes, sans nous y arrêter, le 31. Notre mouvement se dessinait clairement ; nous allions tenter de débloquer Belfort. Le 1er janvier se passa à Orchamps.

Parmi les usages religieusement observés dans l'armée, il faut placer au premier rang, la solennité du 1er janvier qui assure au soldat une quasi impunité pour les fautes commises dans cette émancipation de 24 heures.

Comme toute créature qui ne jouit que d'une liberté relative, le troupier français aspire ardemment à ce moment inviolable où il peut donner un libre essor à ses convoitises, tout en jetant un petit regard de dédain sur l'austère discipline qui, bonne fille pour la circonstance, se couvre la face de son voile pudique et s'endort d'un sommeil léthargique, jusqu'à ce que l'éphémère lune des immunités ait terminé sa trop rapide évolution.

Ce jour là est pour le soldat, comme pour l'écolier du poëte, le *nunc est bibendum, nunc pede liberô pulsanda tellus.* Aussi, dès que le dernier coup de minuit a sonné le glas funèbre de l'année écoulée et salué l'avènement de celle qui lui succède, le troupier, avec une attitude aussi mathématique que celle de l'horloge du quartier, se livre aux démonstrations les plus vives d'une félicité complète.

Malheureusement, comme il n'a pas le choix des moyens pour écouler son exubérance de gaieté et de même que ces phalènes qui, irrésistiblement attirées par la lumière, viennent y brûler leurs ailes, le soldat, fatalement sollicité vers son seul exutoire, la dive bouteille, a bien vite noyé sa raison dans les flots de liquide qui coule à profusion, ce jour là.

Je ne veux point tirer de conclusion psychologique de cette observation : je me contente de constater que cet usage a une telle puissance d'insertion dans nos mœurs militaires que les évènements les plus graves ne peuvent en arrêter le cours. Aussi malgré notre situation si critique au 1er janvier 1871, le programme traditionnel fut assez scrupuleusement observé, ce qui n'empêcha pas d'ailleurs, le régiment, d'avoir, le lendemain, son aspect, son bon esprit et sa régularité ordinaires.

Le 2 janvier, nous étions à Marnay et le lendemain, nous arrivions à Rioz. Nous éclairions, comme d'habitude, la marche du corps d'armée, mais ce jour-là particulièrement, à cause, sans doute, des difficultés de cantonnement, nous étions en flèche à une grande distance de l'infanterie, ce qui ne manqua pas de nous inspirer des inquiétudes que vinrent augmenter les rapports des indigènes, nous signalant l'ennemi en forces tout autour de nous. Nous passâmes la nuit à Rioz, sur un qui-vive continuel, bien que notre colonel eut pris toutes les précautions possibles pour nous préserver d'une surprise. Nous en fûmes quittes pour nos légitimes appréhensions.

L'ennemi, ignorant probablement notre faiblesse numérique, s'était replié devant nos vedettes avec lesquelles il avait échangé quelques coups de feu et nous pûmes ainsi attendre l'arrivée de notre infanterie. Le lendemain, le corps d'armée réuni suivit la route de Vesoul. Le 18me corps marchait parallèlement à nous, sur la gauche et le 24me à droite. On se disait tout bas que le plan dont nous commencions l'exécution, était d'enlever Vesoul, de faire lever le siége de Belfort et d'aller nous établir à cheval sur la ligne des Vosges, de façon à menacer les communications prussiennes. Le premier obstacle à la réalisation de ce projet ne tarda pas à se faire sentir.

L'ennemi avait construit des travaux de défense sur plusieurs points de la route, des batteries d'artillerie étaient disposées aux endroits principaux, enfin, tout indiquait des intentions de résistance sérieuse.

Ce furent, sans doute, ces raisons qui firent modifier notre itinéraire; nous quittâmes la grande route de Vesoul pour nous jeter sur la droite et suivre la vallée de l'Oignon.

CHAPITRE V

Bataille de Villersexel. Combat d'Arcey. Champey. Saulnot. Bataille d'Héricourt. Retraite sur Besançon. Tentative de suicide de Bourbaki.

Le dimanche 8 janvier, nous arrivions à un petit village appelé Pont-sur Oignon, situé à cinq kilomètres de Villersexel. A peine étions nous arrivés (il pouvait être 11 h. du matin) que notre colonel recevait avis de M. de Grammont, propriétaire du château de l'endroit, qu'un parti de uhlans fort d'un escadron, se montrait à l'entrée de la ville qu'il semblait vouloir occuper. Aussitôt notre colonel fait partir au galop, un escadron du régiment commandé par le chef d'escadron Puyo, avec ordre de faire évacuer la ville, si elle était occupée et, dans le cas contraire de s'y établir aussi solidement que pouvait le faire un escadron de cavalerie, n'ayant d'autre arme à feu qu'un revolver.

En même temps, notre chef faisait informer le général commandant le corps d'armée, qui était aux environs de Rougemont, c'est-à-dire à 15 kilomètres, qu'il avait à redouter une attaque à Villersexel où il n'y avait que de la cavalerie, qu'il lui paraissait très-urgent d'envoyer de l'infanterie sur ce point fortement menacé et qui devait être d'autant précieux à l'ennemi qu'il était le nœud des routes de Rougemont, Lure et Belfort.

Malgré cette demande renouvelée plusieurs fois, il ne fut envoyé, très tard, qu'un renfort illusoire et nous ne dûmes compter, en cas d'attaque, que sur nos propres forces.

Pendant toute la journée du dimanche, on put constater des mouvements de troupe et d'artillerie, sur les hauteurs boisées qui dominent Villersexel, à gauche de la route de Lure ; la nuit suivante, des reconnaissances vinrent même à plusieurs reprises, jusqu'aux abords du pont que défendaient nos hommes, le révolver au poing.

Le lendemain à 7 heures, conformément à notre ordre quotidien de mouvement, nous quittions Pont-sur-Oignon, à destination de Beveuge ; nous devions traverser Villersexel et y rallier, en passant, notre escadron qui y était en grand-garde depuis 24 heures.

inspiré de confiance. Nos généraux prirent les dispositions les plus énergiques et les plus variées ; attaque de jour et de nuit sur tel et tel point, manœuvres stratégiques, charges à la baïonnette, tout fut mis en pratique pendant 4 jours et 4 nuits, mais notre armée, malgré l'énergique obstination de ses chefs, ne put parvenir à faire brèche dans ces montagnes de granit, défendues par leurs aspérites naturelles et par une artillerie formidable.

Ce deux raisons furent-elles les seules causes de notre insuccès? Non. L'anecdote suivante fera connaître la majeure.

Un matin que j'étais allé en amateur, observer les phases de cette bataille qui a duré près de cent heures, je me trouvais placé dans un groupe d'officiers d'état-major au centre duquel était le général Clinchant aussi remarquable par ses talents militaires, sa bravoure et sa modestie, que par son affabilité et sa bonne humeur qui ne se démentent jamais et qui obligent les personnes qui l'ont approché, à un titre quelconque, à en conserver le meilleur souvenir.

Le général regardait attentivement ces positions contre lesquelles on s'acharnait et vain ; tout à coup se tournant vers nous il dit : « Vous voyez, messieurs, si j'avais ici « 4 régiments d'infanterie que j'ai connus ou commandés « (il nous en donna les numéros) dans 1 heure, cette po- « sition serait à nous ; j'ai là 80,000 hommes et nous ne « passerons pas. » « *Et nunc crudimini.* »

L'événement lui donna malheureusement raison. Le 19 janvier, nous commençâmes à rétrograder.

Notre retraite s'effectua sans précipitation, en assez bon ordre, autant du moins que le permettaient une température meurtrière et des routes encombrées de neige et de verglas. Nous pûmes, de la sorte, gagner Besançon et nous restâmes 4 jours à nous concentrer et à attendre une décision que les opérations militaires de l'ennemi rendirent extrême et qui se ressentit aussi de la funeste tentative de suicide de notre brave général en chef Bourbaki. .

La nouvelle de cet acte de désespoir s'était répandue douloureusement dans nos rangs ; chacun déplorait la perte [1] de notre illustre chef si sympathique à tous ; aussi, en raison de cet intérêt que nous portions à notre général, nous voulûmes connaître la raison de cette défaillance si inattendue d'une âme énergiquement trempée et qui avait donné tant de preuves de sa virilité. Voici ce que nous apprîmes :

Après son évasion de Metz, le général Bourbaki n'avait accepté qu'à regret le commandement de la 1re armée de la Loire dont il désapprouvait les plans ; devant des instances nombreuses, il s'était dévoué, sacrifiant tout au salut si compromis de sa patrie.

Le ministre Gambetta voulant imiter la Convention nationale ou plutôt servir une amitié personnelle, avait envoyé à l'armée de la Loire, en qualité de plénipotentiaire, un jeune homme de 26 ans, ingénieur civil du nom apocryphe de De Serres [2]. Ce Métis qui prit bientôt le titre

[1] On sait que la Providence a voulu conserver à la Patrie cet illustre défenseur entièrement rétabli.

[2] Cet ingénieur est d'origine polonaise.

Une bataille, pendant l'action elle même, offre un de ces spectacles grandioses qui élèvent l'âme et font battre violemment les cœurs virils; mais la vue du champ de carnage, après le drame est un de ces tableaux navrants qui font monter le dégoût aux lèvres et détourner les yeux d'horreur. Je parcourus le champ de bataille, quelques heures après l'évacuation de Villersexel par l'armée ennemie et je conserve encore bien vif le souvenir des détails horribles que j'y ai remarqués.

Ici, des cadavres entassés indiquent l'acharnement d'une lutte terrible; là, l'agonie y crispe les mains de ces deux ennemis d'occasion qui semblent se menacer même dans la mort. Celui-ci est tombé foudroyé, au moment où il couchait en joue son adversaire, singulière ironie du sort qui semble se jouer à intervertir les rôles, à les substituer momentanément les uns aux autres, jusqu'à ce que finalement, il les confonde dans un même et fatal dénoûment.

Celui-là a du survivre quelque temps à sa blessure; on voit encore sur la neige le sillage sanglant qu'il a tracé en se traînant au pied d'un arbre où il est venu mourir dans des convulsions dont sa physionomie conserve la hideuse expression.

J'ai vu un de ces infortunés atteint mortellement, qui s'était traîné sur les genoux dans la neige, sur un parcours de 30 mètres environ jusqu'à une croix en fer de la Vierge, au pied de laquelle il était mort, les bras étendus en avant, les mains jointes, les yeux levés vers la Sainte, dans l'attitude de la supplication.

La plume ne saurait rendre les émotions qu'on a éprouvé sur ces lieux où s'est déchainée la rage humaine si fatalement secondée par les inventions diaboliques d'effroyables engins de destruction.

La journée de Villersexel était un double succès en ce qu'elle nous laissait les routes libres et surtout à cause de l'effet moral produit sur nos jeunes soldats, que le froid, la faim et les fatigues avaient fortement ébranlés. Aussi, le bon effet ne tarda pas à se faire sentir.

Dès le lendemain on pouvait constater un changement notable dans les colonnes ; les jambes trainaient moins les sacs étaient moins lourds, les lazzis et les gauloiseries avaient repris leur cours momentanément interrompu. Enfin, le soldat français se réveillait.

Pendant les quatre jours qui suivirent, nous continuâmes notre marche sur Belfort, mais avec lenteur, à cause des difficultés de terrain et des intempéries et aussi des combats continuels que nous avions à livrer et dont les plus importants furent à Arcy, Saulnot, Champéy. L'ennemi cherchait à gagner du temps afin d'établir le plus fortement possible sa ligne de résistance qui avait pour base Héricourt et les sommets de Luze et dont la gauche s'étendait jusqu'à Montbéliard, tandis qu'elle se reliait, par sa droite, aux troupes assiégeantes de Belfort.

Le 15 au matin, nous arrivâmes en vue de ces formidables positions qu'on attaqua aussitôt, mais qui opposèrent une si vigoureuse résistance que nous fûmes, tout d'abord, déconcertés, tant les succès des jours précédents nous avaient

Le temps était sombre, froid et humide ; les routes étaient recouvertes de couches épaisses de neige et de verglas, ce qui rendait la marche très difficile.

Au moment où la tête de la colonne du régiment allait entrer dans Villersexel, nous aperçumes à 1200 mètres environ sur notre gauche plusieurs colonnes de fumée qui s'élevèrent simultanément et furent aussitôt suivies de violentes détonations ; quelques obus vinrent tomber à une faible distance de nous, mais grâces à la neige , ces projectiles n'éclatèrent pas.

Nous partimes au galop pour nous dérober à cette canonnade qui devenait de plus en plus intense, et bientôt nous fûmes contraints de nous jeter à travers champs et d'aller au loin chercher un abri, car la route sur laquelle nous étions engagés était occupée par l'ennemi dont toute l'armée était groupée aux portes de la ville.

Pendant ce temps, la tête de colonne de notre infanterie arrivait et nous lui cédions le terrain sur lequel nous ne pouvions, à ce moment, être d'aucune utilité.

L'armée prussienne s'était, au début de la journée emparée de Villersexel et était venue s'établir en avant à cheval sur les deux grandes voies principales qui forment un angle obtus dont la ville occupe le sommet. Notre infanterie se déploya en tirailleurs, et engagea le feu sur toute la ligne ainsi que l'artillerie. Vers deux heures le 18me corps (général Billot) entrait en ligne, sur l'autre rive de l'Oignon. A 4 heures du soir, l'arrivée sur le champ de bataille de la division Polignac du 2me corps, obligeait l'ennemi à se retrancher dans Villersexel. La nuit était arrivé. On forma immédiatement des colonnes d'attaque pour enlever la position.

Les Prussiens s'étaient fortement établis dans le parc et le château, magnifique habitation qui était la clé de la position. Toutes les maisons de cette petite ville de 1500 habitants, étaient garnies de troupes qui s'y étaient retranchées et avaient, à la hâte, élevé des travaux de défense. Vers 7 heures du soir, une fusillade violente éclatait sur toute la ligne et nos soldats enlevaient le parc à la baïonnette puis le château qui fut incendié par les obus et enfin toutes les maisons dont il fallut faire le siége une à une. Ce combat de nuit ne se termina que vers 2 heures du matin, heure à laquelle l'armée ennemie battit précipitamment en retraite.

Cette bataille de Villersexel avait été très glorieuse pour nos armes ; nos soldats s'étaient battus avec un entrain admirable, surtout dans cette phase de la lutte où ils avaient retrouvé leur élément : la baïonnette.

Il est toujours difficile après une bataille, surtout de nuit, de savoir le chiffre exact des pertes des belligérants ; les rapports *ad hoc* sont souvent entachés d'erreur ou d'exagération, et seul l'état-major de l'armée, après un recensement officiel, peut en avoir une idée juste en ce qui le concerne ; quant à la situation de l'ennemi, on ne peut le connaître sûrement. C'est en prenant généralement les chiffres les plus modérés qu'on est le plus près de la vérité. En procédant de la sorte, j'ai appris que l'ennemi avait perdu à Villersexel 6000 hommes tués ou blessés et 1000 prisonniers, tandis que nous n'aurions eu que 1200 hommes hors de combat.

de ministre et qui en eut tous les priviléges, tenait des con_
seils de guerre, révisait les plans des généraux, prescrivait
telle ou telle opération, exerçait enfin une autorité absolue
sur l'armée. On racontait même, dans nos cercles, que notre échec d'Héricourt était du à cette omnipotence qui aurait
exigé qu'après Villersexel, on suivit cette direction au lieu
de marcher sur Belfort par Lure, projet formé par nos généraux.

Ce contrôle incessant et tyrannique de ce commissaire
de la République aurait été une des causes principales de
la tentative de suicide du brave général Bourbaki que nous
aurions voulu voir, à l'instar de Dumouriez dans les Argon-
nes, faire arrêter et renvoyer à sa nourrice, ce jeune im-
berbe dont l'inexpérience et l'ignorance des choses militaires,
constituaient une insulte pour les généraux distingués qu'en
outre son autocratie paralysait.

CHAPITRE V.

**Départ de Besançon. Montagnes du Jura. Combats à Somba-
court et Chaffois. Armistice. Situation critique. Entrée en
Suisse.**

Pendant que nous perdions à Besançon, ces 4 jours
si précieux, l'ennemi, au contraire, déployant une activité
infernale, exécutait une de ces manœuvres hardies que le
succès vient presque toujours couronner.

Werder que nous n'avions pu forcer à Héricourt, s'é-
tait mis à notre poursuite de manière à nous enfermer

entre Besançon et la frontière Suisse ; en même temps, le général Manteuffel qui venait d'acculer le général Fai- d'herbe dans les places du Nord s'était porté rapidement dans le Jura, de façon à nous barrer la route de Lyon, nous obliger à nous jeter dans les montagnes couvertes de neige et après nous avoir écrasé dans des combats partiels, ne laisser d'issue aux débris de notre armée que le territoire Suisse.

Ce plan se réalisa malheureusement trop bien :

Nous quittâmes Besançon le 26 janvier. Le général Clin- chant venait de prendre le commandement en chef de notre armée.

On essaya le passage par Quingey, mais la route était fortement défendue et nous fûmes contraints d'essayer d'at- teindre l'extrémité du Jura et de là déboucher dans la val- lée de l'Ain, si nous en avions le temps.

Nous étions, à ce moment, dans une de ces situations si critiques d'une armée privée à la fois de toutes les ressour- ces, cernée par l'ennemi, n'ayant enfin de chances de salut que dans ces évènements inespérés, dans ces caprices de la fortune qui aime à se jouer des prévisions humaines.

L'histoire nous offre bien des exemples de cette versatilité.

La plupart des grands hommes, depuis les premiers temps de l'antiquité jusqu'à nos jours, ont eu dans le cours de leur laborieuse carrière, à surmonter les plus graves obstacles dont ils ne sont parvenus à triompher que grâces à leur génie, à leur courage et à leur persévérance.

De même que Xénophon en Arménie et plus récemment Kléber en Egypte, nous étions prisonniers dans ces gigan-

reconnaissance, nous fit rebrousser chemin aussitôt, l'ennemi occupant en forces le village dans lequel nous nous rendions.

Nous voilà de nouveau et plus que jamais dans une terrible anxiété ! Que faire ? Où aller ? Nous étions cernés à peu près de toutes parts ; nos chevaux ainsi que nos lanciers étaient exténués et malgré leur courage et leur énergie, incapables d'aller plus loin sans prendre quelque nourriture et quelque repos. Nous n'avions pas l'embarras du choix ; nous revînmes à Mouthe, et bien que cette localité fût loin d'être pour nous la terre de Chanaan, nous y trouvâmes quelques détritus qui nous empêchèrent de mourir de faim.

Notre situation était très-critique ; l'ennemi pouvait nous surprendre d'un instant à l'autre ; il fallait partir ; nous ne recevions pas d'ordres, le temps pressait. Notre colonel nous réunit en conseil de guerre, nous exposa la situation et nous délibérâmes sur la détermination à prendre. Il nous restait deux partis : — Le premier était de tenter le passage par la Chapelle-aux-Bois, le défilé des Planches et déboucher dans la vallée de l'Ain. De graves obstacles s'opposaient à la réalisation de ce projet. La plupart des renseignements que nous avions pu recueillir, nous affirmaient que l'ennemi était déjà maître de ce défilé, que des régiments qui avaient essayé de passer, avaient été écrasés ; enfin, autre considération primordiale, c'est que le trajet était très-long, très-difficultueux et que notre régiment était épuisé par la fatigue, la faim et l'insomnie.

L'autre parti était la route de Suisse. — Celle-là était moins longue et moins périlleuse, bien qu'elle ne fût pas complètement sûre. D'un autre côté, un général d'infanterie cantonné auprès de nous, nous avait fait savoir qu'il se dirigeait sur la Suisse, en vertu d'un ordre du général Clinchant qui venait de signer un arrangement avec le général suisse Van Hertzog. Cette dernière considération leva tous nos scrupules, et le 1er février, à cinq heures du matin, nous nous dirigeâmes, le plus rapidement possible, sur la frontière suisse que nous atteignîmes à onze heures du matin. Il était temps ; quelques minutes après notre départ de Mouthe, le bourg était occupé par l'ennemi, et la queue de colonne de notre armée eût à lutter longtemps contre les forces prussiennes qui nous poursuivirent jusqu'aux dernières limites de notre territoire (1).

CHAPITRE VII.

Captivité en Suisse. -- Évasion.

Avant cette funeste époque qui sera éternellement tache dans l'histoire militaire de notre patrie, ce seul nom de Suisse éveillait les images les plus riantes sous mille formes diverses.

Pour les uns, c'était la poétique légende de Guillaume Tell dont l'habileté prodigieuse à lancer une flèche sauvait deux existences : celle de son propre enfant et celle de la nation tout entière qui agonisait sous l'étreinte d'un tyran.

Pour les autres, c'est son inépuisable collection de sites, de précipices, de lacs et de montagnes aux neiges perpé-

____

(1) L'armée prussienne subit de grandes pertes notamment sous le fort de Joux.

rielle, c'est encore une trêve morale pendant laquelle les sentiments des combattants subissent une transformation d'une durée limitée aux cruelles exigences de la guerre. Aussitôt que la convention est établie et que le signe en est montré, les soldats franchissant, de part et d'autre, la zône qui les sépare, se mêlent, s'interrogent, se serrent la main, examinent réciproquement leurs armes, allument leurs pipes, puis à un signal de clairon, le signe disparu, chacun reprend sa position primitive, le feu recommence et on s'égorge de nouveau avec un acharnement qui atteste moins la cruauté que la bizarrerie de la nature humaine.

Lex dura, sed lex.

Pendant la nuit même, notre colonel expédia un officier (M. Deberly) au général Clinchant à Pontarlier pour savoir si cette nouvelle était officielle et, dans ce cas, conformément au règlement des armées en campagne, quel devait être, pendant la durée de l'armistice, le cantonnement qui nous était assigné. Il faisait aussi observer au général que, vu la pauvreté du pays et l'impossibilité des communications, par suite de l'amoncellement des neiges, nous étions déjà sans ressources et *à fortiori* notre situation serait tout à fait impossible, si nous avions à y séjourner pendant 21 jours.

Le général nous désigna d'abord le bourg assez important de Bonnevaux et quelques heures plus tard, nous fûmes envoyés définitivement occuper les Granges-Sainte-Marie, petit hameau composé de 3 maisons, situé au pied d'un mont, connu dans le pays sous le nom de Mont d'Or. L'insuffisance de ce cantonnement nous obligea à nous disperser au loin, dans les fermes, pour loger tant bien que mal nos hommes et nos chevaux.

Nous nous préparions cependant à chercher là nos délices de Capoue, pendant l'interrègne du canon, lorsque le bruit se répandit que notre armée n'était pas comprise dans l'armistice. Nous nous refusâmes à y croire, tant une semblable exception nous parût contraire à toute vraisemblance ; mais, le 31 vers midi, il n'y eut plus à en douter. On vint nous prévenir, en toute hâte, que les Prussiens arrivaient sur nous et bombardaient déjà le village de Vaux, situé à deux kilomètres en arrière de notre position.

Nous montâmes précipitamment à cheval et nous nous dirigeâmes sur la petite ville de Mouthe, dans l'intention d'y attendre des ordres de notre général en chef tout en gagnant du terrain vers la seule direction qui nous parut encore libre.

Nous trouvâmes Mouthe encombré de troupes d'infanterie et d'artillerie qui, comme nous, étaient dans le plus grand embarras ; nous étions à 30 kilomètres de Pontarlier, quartier général de notre corps d'armée, et les communications étaient coupées. Enfin, notre séjour à Mouthe. était impossible, toutes les ressources étant épuisées par les nombreuses troupes qui s'y aggloméraient de plus en plus. On nous indiqua, à 7 ou 8 kilomètres dans les terres, un village assez considérable pour nous abriter ; nous partîmes, pour nous y rendre, à travers des chemins affreux, étroits, accidentés et recouverts de 4 pieds de neige. Hommes et chevaux étaient harassés de fatigue et affaiblis par la faim et le froid ; il fallait souvent faire mettre pied à terre pour éviter la congélation des pieds. Enfin, nous allions atteindre ce but, lorsqu'un officier du régiment qui venait de faire une

tesques montagnes du Jura où les éléments semblaient s'être conjurés avec nos ennemis pour nous anéantir plus sûrement.

Mais si les temps modifient les hommes ordinaires, ils ne modifient pas les cœurs d'élite et de même aussi que ces deux illustres chefs ont montré, à plus de vingt siècles de distance, le même courage et les mêmes vertus militaires, notre général en chef affirma, dans cette cruelle période de la campagne, les qualités les plus admirables.

Pas de vivres pour les hommes et les chevaux, pas d'abri; un froid excessif, les chemins enfouis sous 4 ou 5 pieds de neige, serpentaient à travers des rochers qu'on ne gravissait qu'avec des efforts inouis, les chevaux tombaient à chaque pas, les hommes n'avançaient que très lentement et avec beaucoup de peines.

Hélas ! Ceux qui ont assisté à ce spectacle navrant conserveront certainement, toute leur vie, un souvenir amer de cette physionomie d'une armée vaincue, au milieu des convulsions de la nature tourmentée.

Le 29 janvier, nous arrivions aux villages de Sombacourt et Chaffois où s'établissaient deux divisions d'infanterie; nous étions cantonnés, le 7e régiment de chasseurs et le 2e lanciers de marche, à 5 kilomètres en avant de ce dernier pont, au village de Bannaus.

Vers 7 heures du soir, une vive fusillade entremêlée de quelques coups de canon se fait entendre.

Les Prussiens avaient surpris nos malheureux soldats au bivouac de Sombacourt, avaient fait prisonniers environ 2000

hommes et 2 généraux (1) et étaient venus attaquer les troupes cantonnées à Chaffois sous le commandement du général Thornton.

Aussitôt notre colonel, de concert avec celui du 7e de
chasseurs, expédia un officier sur le lieu du combat pour
se renseigner sur l'importance de l'action; cet officier venait
de partir, lorsque tout à coup, le feu cessa, comme par en-
chantement.

Les soldats prussiens se mêlèrent aux nôtres et entrèrent
avec eux dans le village de Chaffois. Le drapeau parlemen-
taire venait d'être hissé entre les combattants auxquels on
avait signifié un armistice de 21 jours.

Cette nouvelle fut accueillie, de part et d'autre, avec des
démonstrations de joie qui prouvaient combien vainqueurs
et vaincus étaient fatigués des hostilités.

Ces mêmes hommes qui, un instant auparavant, se fusil-
laient, dans l'obscurité et dans la neige, par un froid glacial,
échangeaient maintenant, à la lueur des feux de bivouac,
les divers cordiaux de leurs gourdes !

Quel sujet de philosophie que cette attitude de deux armées en présence, prêtes à s'égorger à un signal donné, plus
disposées encore à se tendre la main, au signal contraire !

Est-il rien de plus dérisoire, de plus barbare, de plus
illogique que cette situation faite aux combattants, pendant
un armistice ou une trêve employée généralement à l'enlè-
vement des cadavres ? Avec le feu des armes, cesse aussi la
haine des ennemis ; ce n'est pas seulement une trêve maté-

---

(1) Les généraux Miot de l'infanterie et Dastugue de la cavalerie.

tuelles au milieu desquelles se rencontrent les touristes de tous les pôles.

Pour tous enfin, la Suisse, dont la valeur militaire s'est si hautement affirmée à Granson et à Morat, implique surtout l'idée de mœurs primitives et de traditions de vertus qui sont encore plus les causes de sa tranquillité sociale que sa constitution politique elle-même.

Hélas ! au moment où nous allions entrer sur cette terre hospitalière, ces gracieuses visions avaient fait place, dans nos imaginations, aux plus sombres tableaux ! C'est que nous n'allions plus, le cœur libre et joyeux, fiers de notre indépendance et de notre prestige, chercher des jouissances d'artistes dans ces féeries de la nature ; mais nous arrivions, le cœur navré et gros d'amertume, des sanglots à la gorge, la tête basse et humiliée, solliciter un morceau de pain et un refuge !

La nature semblait s'être associée à notre immense douleur et porter le deuil de notre fierté nationale qui allait recevoir une humiliation profonde, inconsolable, éternelle !

La terre était couverte de neige, le ciel avait une teinte grise ; de gros nuages noirs roulaient au-dessus de nos têtes déversant çà et là quelques flocons de givre.

Nous passâmes entre deux rangées de soldats suisses qui procédaient au désarmement. Ah ! comment retracer l'émotion qui nous gagna, lorsqu'il nous fallut rendre nos armes ! Malgré la bienveillance qui présidait à cette triste opération, le sang nous affluait au cœur et des transports de rage et d'indignation soulevaient nos poitrines.

L'infortune aigrit les caractères et les rend injustes.

Les manifestations d'amitié et d'intérêt qui nous étaient prodiguées, nous semblaient des insultes, et dans les regards de compassion, nous croyons voir des accusations portant atteinte à notre dignité de soldat.

Nos hommes étaient animés des mêmes sentiments qui se traduisaient de différentes façons. Ceux-ci, détournant les yeux pour cacher les larmes qui inondaient leurs visages, rendaient, d'une main fiévreuse, leurs armes que le sort avait trahies ; ceux-là, dans un noble accès de fureur, les brisaient sous leurs pieds, se donnant ainsi l'amère satisfaction d'engloutir jusqu'aux dernières épaves dans ce naufrage de leur honneur militaire.

Nous arrivâmes à Orbe, petite ville du canton de Vaud où nous nous arrêtâmes deux heures pour laisser reposer nos hommes et nos chevaux et attendre une destination.

A quatre heures, nous repartions, sous l'escorte d'une troupe suisse, pour la petite ville d'Echalleus où nous arrivâmes fort tard, ayant fait, dans cette triste journée, près de 80 kilomètres. Nous fûmes partout accueillis avec les marques d'une véritable sympathie, Les habitants, rangés sur notre passage, venaient nous presser la main, nous offraient des vivres, du vin, du tabac et nous acclamaient aux cris de vive la France ! vive les braves Français ! Ces démonstrations si sincères, tout en atténuant nos douleurs, nous faisaient ressentir plus profondément encore l'amertume de notre catastrophe.

Le lendemain, nous étions envoyés à Moudon où nous devions séjourner provisoirement, jusqu'à ce que le Conseil fédéral ait statué sur notre sort définitif. En attendant, nous procédions aux différents services et à l'administration de notre troupe, comme par le passé.

Huit jours après notre installation à Moudon, nous reçûmes par l'entremise du colonel fédéral Burnand, homme charmant, et dont nous eûmes constamment à nous louer, une pièce à signer contenant notre engagement d'honneur de ne pas quitter notre lieu d'internement.

D'un commun accord, nous nous refusâmes à contracter un engagement de cette nature, la reprise possible des hostilités nous faisaient un devoir de tenter loyalement de revenir combattre. Cependant, nous primes un *mezzo termine* qui conciliait notre devoir et nos scrupules envers nos bienveillants geôliers. Nous ajoutâmes à cette pièce l'article restrictif suivant :

« Les officiers soussignés du 2e lanciers de marche s'en-
» gagent, sur l'honneur, à ne pas quitter leur lieu d'inter-
» nement provisoire, à la condition expresse qu'ils ne seront
» pas séparés de leurs hommes et de leurs chevaux qu'ils
» continueront à administrer, » et nous signâmes.

On nous promit qu'on appuierait notre demande et qu'il y avait lieu d'espérer qu'il y serait fait droit.

Quelques jours après, le colonel Burnand vint nous annoncer que le Conseil fédéral, ne pouvant nous donner satisfaction à cet égard, nous faisait informer que nous allions être séparés de notre troupe et que nous ayons à choisir notre lieu d'internement individuel dans les cinq villes suivantes : « Zurich, Lucerne, Saint-Gall, Interlaken et Baden. »

Dès lors, par suite du refus que nous éprouvions, nous recouvrions notre liberté d'action et nous nous disposâmes à la mettre à profit, alors que cela était encore possible. Nous dressâmes nos plans d'évasion dans le plus profond secret ; nous nous divisâmes par petites fractions de 2 cu 3 ; nous nous procurâmes des habits de déguisement et la nuit qui précédait le jour de notre départ pour le lieu d'internement désigné nous partimes à différentes heures et dans des directions diverses. Nous pûmes passer heureusement la frontière et atteindre, au complet, le sol français, la plupart d'entre-nous ayant franchi le lac de Genève sur des barques de pêcheur ou de contrebandier.

Ainsi se termina pour nous cette campagne si longue, si pénible, si désastreuse qui ne fut qu'une suite de revers et d'infortunes de toutes sortes. Quand on examine froidement cette période qui est une souillure à notre couronne militaire, on est frappé de l'acharnement du sort, ou pour parler un langage plus clair, de cette persistance du Ciel à accumuler sur nos têtes, les châtiments les plus violents.

Non seulement, nous étions partout vaincus par un ennemi féroce et déloyal, mais encore les éléments semblaient s'être déchainés pour anéantir ceux que le fer épargnait. La faim elle-même, ce hideux fantôme vient assombrir ce tableau déjà si lugubre.

Enfin, la Providence, semblait vouloir nous faire expier, par ces souffrances multiples, notre irréligion, nos débordements, notre profonde corruption.

CHAPITRE VIII.

La Garde Mobile. L'Intendance.

Une étude sur l'institution de la Garde mobile, exigerait un long développement, trop complexe pour le cadre de ma narration sommaire ; je me contenterai donc d'esquisser *grosso modo* les traits principaux de cette organisation qui n'était d'ailleurs qu'ébauchée, au moment où les circonstances en ont exigé le fonctionnement prématuré.

Ce fut, on le sait, le maréchal Niel, alors ministre de la guerre qui, le premier, jeta les bases de l'organisation de la garde mobile, à l'imitation de la Landwher de la Prusse.

Tout le monde approuva l'idée tant qu'elle resta à l'état théorique, mais le jour où le ministre voulut la développer et la mettre en pratique, il rencontra une funeste résistance au sein de nos représentants eux-mêmes qui rivalisaient d'éloquence dans des discours où, comme presque toujours, ils se montrent plus soucieux de la forme que du fond.

A quoi bon, disaient ces rhéteurs utopistes, apprendre les manœuvres à ces jeunes gens si nécessaire à la culture des champs ? Laissez-les en paix, vaquer à leurs travaux rustiques ! La patrie n'en a pas besoin ; n'est-elle pas en sûreté à l'ombre glorieuse de ses lauriers cueillis dans les serres royales de toutes les nations ? Et d'ailleurs, si par impossible, une de ces nations insensées, avaient la témérité de nous porter ou d'accepter un défi, la vieille *furia francese*, ne se retrouverait-elle pas pour anéantir ces hordes de barbares ?

Désarmons, au contraire; plus de guerres, une paix universelle, telles sont les aspirations des peuples !

Donnons, les premiers, au monde, ce spectacle grandiose d'une nation qui, forte de son passé, confie son avenir au vent glorieux de ses destinées !

C'est en vain que quelques hommes de bon sens, inquiets et pressentant la tempête qui s'amoncelait sur nos têtes, lançaient, du haut de la tribune, à la nation aveugle, ces sinistres prédictions qui, hélas ! se sont trop réalisées ! C'est en vain que, combattant les paradoxes des optimistes politiques et des partisans du désarmement, un grand diplomate citait cet aphorisme si éloquent et si vrai : « *Si vis pacem, para bellum.* »

C'en était fait de nous, la logique du raisonnement succombait, il nous fallait celle des infortunes pour nous dessiller les yeux !

Aussitôt que le Gouvernement français eût appris le désastre de Sedan et le blocus de Metz, il se hâta d'appeler à l'activité, les défenseurs qui restaient au pays et qui n'étaient autres que ces soldats laboureurs qu'on arrachait *ex abrupto* à leurs travaux, à leurs habitudes, à leurs affections, enfin à la douce existence de la famille, pour les jeter, sans transition, au milieu des dangers, des intempéries, des fatigues de toutes sortes.

On leur donna des officiers qui, pour la plupart, n'étaient que des chefs, ignorant complètement les devoirs de leurs grades, ce qui a été une des causes du désordre qui régnait généralement dans les rangs de la mobile.

On avait cru qu'il suffisait de révêtir un homme quelconque, des marques distinctives d'un grade pour qu'il en eût la science qu'il comporte et, il faut bien l'avouer aussi, grâces au dénigrement systématique et aux accusations aussi injustes que stupides dirigées contre le corps d'officiers, par la voyoucratie, on en était arrivé à considérer comme une sinécure, cette laborieuse position.

Fâcheuse erreur dont on a pu constater les tristes effets ! Un officier doit savoir beaucoup, pour être digne de son commandement. Les intérêts matériels et moraux des hommes qui lui sont confiés, réclament constamment, tous les efforts de son esprit comme ceux de son cœur.

En campagne surtout, le devoir du chef doit embrasser cet horizon si vaste qui s'étend de l'autorité absolue et inflexible du commandement, juqu'à la sollicitude de la mère.

La Mobile fut habillée et équipée à la hâte avec des effets disparates, insuffisants.

Le temps pressait, on l'envoya au feu.

On ne doit pas se dissimuler que le feu produit, au moins la première fois, une impression violente sur les natures les mieux douées, sur les courages les plus affermis, sur les hommes mêmes qui ont, à l'aide de ces sentiments communs en France, l'instruction et l'éducation qui commandent le devoir, élèvent la dignité et consolident la valeur individuelle.

Ces jeunes gens qui allaient, dans de tristes conditions d'ailleurs, recevoir le baptême du feu, manquaient de tous les éléments indispensables au vrai soldat. Ils n'avaient ni l'entrain des troupes aguerries qui font braver tous les obstacles, ni l'esprit de discipline qui ranime le sentiment du devoir, ni, enfin, ce brise militaire qui est le résultat d'une confiance aveugle en ses chefs, en ses camarades, en son arme. Manquant de toute instruction militaire, ils se défiaient instinctivement des officiers qui les commandaient et dont le passé ne leur offrait aucune garantie; ils se défiaient de leurs armes dont ils ne connaissaient ni la portée ni le mécanisme; ils se défiaient enfin et surtout de leur propre attitude au combat que leur imagination terrifiée d'avance leur montrait sous l'aspect le plus lugubre.

Je me hâterai de dire cependant, et avec un vif sentiment de plaisir que, malgré ces funestes causes de non valeur, nous avons pu constater, en quelques circonstances, la bravoure innée de certains hommes de cette catégorie qui, commandés, sans doute, par des officiers de mérite, se sont conduits, au feu, aussi bien qu'on pouvait l'espérer. Notamment ceux de la Gironde et de la Dordogne (deux départements auxquels j'appartiens à l'un par naissance, à l'autre par alliance) qui, sous les ordres de M. de Carayon-Latour et de Chadois, ont fait des prodiges de valeur et ont été plusieurs fois, mis à l'ordre de l'armée.

Aussi suis-je convaincu que l'organisation seule était défectueuse et qu'on eût tiré un excellent parti de ces novices, si on eût pu, en les mêlant aux vieilles troupes, exciter leur émulation par l'exemple, si contagieux chez les Français, des vertus militaires.

Dans beaucoup de bataillons de mobiles, il se trouvait quelques officiers à la hauteur de leur délicate mission. Mais le plus grand nombre malheureusement qui n'avait aucune notion militaire, ne pouvait s'occuper des détails incessants que comportait leur commandement et qu'exigeaient impérieusement les circonstances.

En résumé, les bataillons de mobiles se composaient d'hommes et non de soldats, de chefs et non d'officiers, une machine sans force motrice, un corps sans âme. Le « *mens agitat molem* » faisait défaut. (1)

Aussi on éprouvait une émotion indicible en voyant se traîner sur la neige, dans des marches désordonnées, ces pauvres soldats abattus, découragés, sans énergie physique ni morale, les vêtements en lambeaux, presque tous ayant remplacé leurs souliers usés par des sabots, leurs képis perdus par des bonnets de coton, leurs effets militaires par des haillons grotesques, plusieurs ayant même abandonné, dans les fossés de la route, leurs fusils dont ils ne comprenaient plus la nécessité.

L'esprit de discipline, qui n'avait jamais été bien développé, avait disparu presqu'entièrement.

Le patriotisme lui-même, cette vertu native, avait fui ces jeunes cœurs atrophiés dans cette atmosphère saturée de misères de toutes sortes ; il n'y avait plus enfin que la vie physique, gravement atteinte elle-même qui animât ces cadavres anticipés.

L'instinct de la conservation luttait contre cet affaissement moral ; beaucoup de ces malheureux, abandonnant ouverte-

---

(1) Nous avons, je le répète, pu constater des exceptions très honorables chez certains bataillons qui ont montré une véritable valeur.

ment leurs camarades et leur drapeau se dirigeaient vers des fermes qu'ils apercevaient depuis la route et ne reparaissaient plus à leur corps !

Et voilà où en était arrivée cette incomparable armée française qui avait courbé sous son joug tous les grands peuples du monde et dont le seul nom prestigieux inspirait la terreur et l'admiration !

Ces mêmes ennemis que nous avions foulés aux pieds pendant 20 années, se relevaient, pour nous terrasser à leur tour et nous infliger le plus cruel châtiment que puisse subir un vaincu. — Le mépris.

En plusieurs circonstances, des soldats de la mobile, faits prisonniers par les Prussiens, nous furent renvoyés (1) comme des hommes jugés sans valeur et dont ils ne voulaient pas s'embarrasser ! Amère dérision !...

Et ces derniers outrages, qui auraient dû faire naître aux cœurs de ces Français, le désir, le besoin impérieux d'une vengeance sanglante, venaient s'émousser contre une inertie morale que rien désormais ne pourrait secouer !

Si les vices d'organisation de la mobile étaient les causes premières de son triste état en campagne, il est juste de convenir aussi que d'ailleurs, tout concourait à aggraver la situation.

Que de fois, hélas ! n'avons-nous pas vu, après de longues et pénibles marches dans la neige, par une température meurtrière, plusieurs de ces infortunés, épuisés par la faim, le froid et la fièvre, tomber dans les fossés de la route,

---

1) Notamment après la reprise d'Orléans le 4 décembre.

n'ayant plus la force de chercher à se procurer quelques aliments que l'agglomération des troupes, le pillage de l'ennemi et la saison raréfiaient de plus en plus.

Le pain manquait. Le biscuit même, cette ressource extrême en campagne, faisait défaut ou ne nous parvenait que rarement et très difficilement, par suite des nombreux cas d'empêchement dont je vais donner une explication sommaire.

L'Intendance a pour mission particulière, en campagne, de fournir aux troupes, les vivres de toute nature qui lui sont nécessaires et dont la quotité, par homme, est déterminée par des règlements spéciaux.

Chaque troupe ou fraction doit donc, selon les circonstances, s'approvisionner des vivres nécessaires selon son effectif, pour un temps déterminé, en s'adressant à l'Intendance qui délivre les vivres demandés, en échange de bons établis au titre des corps de troupes.

Ce mécanisme administratif est simple et, dans les temps ordinaires, fonctionne d'une manière très satisfaisante ; mais, on comprendra aisément, que, pendant une guerre comme celle que nous venons de faire, alors que la saison était très mauvaise, que l'ennemi avait ravagé le pays sur lequel nous opérions, alors enfin qu'une seule ligne de chemin de fer était en notre pouvoir (celle de Besançon à Belfort) de graves difficultés devaient entraver cet important service.

Toutes les denrées nécessaires à notre alimentation et à celle de nos chevaux (1) étaient tirées du Midi de la France,

---

(1) La 1re armée comptait alors environ 100,000 hommes et 10,000 chevaux.

d'Afrique et d'Italie et éprouvaient des retards considérables par suite de l'encombrement de notre seule voie, absorbée par le transport des troupes et du matériel.

D'un autre côté, lorsque ces convois de vivres avaient pu arriver à la station la plus voisine du théâtre de nos opérations et qui en était généralement fort loin, il fallait les transporter sur des voitures dont la marche était très lente et très pénible, à cause des neiges et du verglas.

Toutes ces raisons doivent être prises en sérieuse considération par les personnes qui se hâtent de condamner, sans examen et seulement d'après les résultats, la conduite des fonctionnaires préposés à ce service. Je crois cependant que, comme beaucoup d'autres, le service de l'Intendance et susceptible de modifications avantageuses en rapport avec les nouvelles exigences de notre armée et aussi faites en vue de corriger les fautes que l'expérience acquise dans cette dernière guerre, a pu démontrer.

CHAPITRE IX.

Les Postes. Les Ambulances.

Le service des postes si important, à tous points de vue fonctionnait très mal, un peu par suite des difficultés de correspondance, mais beaucoup surtout par la faute des employés qui apportaient à ces délicates fonctions, une nonchalance et une incurie qu'on ne saurait trop flétrir.

« Les nouvelles du pays, » Telle est l'expression consa-
crée par le langage du soldat toujours si imagé, lorsque la
sonnerie de trompette employée à cet effet, indique la distribution des lettres.

Comme les cœurs battent à ce moment! Comme les phy-
sionomies s'épanouissent à cette perspective d'une lettre de
la vieille mère ou de la jeune fiancée!

Au milieu même de ses plus tendres sentiments, l'esprit
du soldat français conserve son caractère originel de gauloi-
serie; les lazzis vont leur train, chacun formule ses rêves
à sa façon, et cependant les plus endurcis se laissent tou-
cher par cette pensée qui leur rappelle ce qu'ils ont de
plus cher : la jeunesse, la famille, le clocher du village !

La distribution commence, le silence le plus solennel se
fait, les mains se tendent fébrilement, avec la dernière lettre
seulement s'envole la dernière espérance, les heureux se re-
irent dans un coin pour savourer leur bonheur et les déçus
vont aussi cacher leur tristesse jusqu'à l'arrivée du nouveau
courrier qui fait renaître un nouvel espoir.

Tel est, en somme, le tableau qu'offre cette scène dans la
vie ordinaire, en garnison.

En campagne, c'est-à-dire au sein des dangers et des privations, alors que la vie du soldat est constamment menacée, ce sentiment de son passé et de ce qui s'y rattache se
reproduit à l'esprit, avec toute la violence d'une existence
compromise qui s'effraie surtout, de finir, sans une consolation, sans un regard, sans le dernier adieu de ceux qu'on
aime.

Bien des fois, impatienté, comme tous mes camarades, de ne pas recevoir de missives bien aimées, alors que j'avais la certitude de ne pas être oublié de ma famille et de mes amis, je suis allé demander à MM. les employés de la poste du corps d'armée, s'il y avait quelque chose à mon adresse. Ces messieurs qui, généralement aimaient peu à se déranger, répondaient négativement, ou bien que le dépouillement n'était pas fait. Puis, les paquets de lettres s'entassaient les uns sur les autres dans d'immenses sacs qu'on transportait à la suite de l'armée mais que sous un prétexte toujours nouveau, on n'avait pas le temps de distribuer.

Et voilà comment nous restions quglquefois 2 mois et plus, sans nouvelles de nos familles et qu'un jour, comme cela m'est arrivé plusieurs fois, on en recevait un paquet de dates très reculées (1)

Si jamais une institution fut conçue dans un but philantropique, ce fut assurément celle des ambulances.

En effet, n'est-ce pas là une mission sublime que celle qui consiste à aller relever sur les champs de bataille les malheureuses victimes de la guerre que, pour la plupart, des blessures horribles clouent au sol, et dont les douleurs de l'agonie s'accroissent des horribles visions de l'abandon.

De tous les actes d'humanité, en est-il un plus digne que ce secours porté, à travers les dangers, à ces braves soldats qui, n'écoutant que la voix de leur courage et de leur devoir, marchent, sans hésitation, sans défaillance, jusqu'à ce qu'une balle ou un obus vienne faire couler leur généreux sang?

---

(1) Il m'est arrivé une fois un paquet de 16 lettres : une autre fois de 9.

Ce devoir inscrit au cœur de tout honnête homme, nécessitait, pour l'efficacité de ses résultats, une extension en rapport avec son objet et soumise à un mécanisme régulier. Malheureusement, dans cette organisation comme dans beaucoup d'autres, on rencontre des vices de formes, attestant une fois de plus la légèreté de notre esprit qui ne veut pas prévoir les obstacles, et souvent aussi la faiblesse de notre caractère qui ne sait pas les surmonter.

Le but de cette institution, réglementée cependant par nos lois militaires, parut, sans doute, trop délicat à nos législateurs, pour qu'ils crûssent devoir pénétrer dans les questions de détail et assurer, par la pression de la discipline, le fonctionnement de cette machine humanitaire.

Ils durent croire que la sublimité de cette tâche les dispensait d'une ingérence à laquelle devaient suppléer le dévouement et la conscience et qu'il suffisait d'indiquer le but pour qu'il fut atteint.

Hélas ! une fois encore, ils se sont abusés !

Les ambulances, en campagne, se composent des médecins et de leurs aides, des pharmaciens militaires, d'un personnel d'infirmiers, de sœurs de charité, etc., etc.

Comme leur nombre était insuffisant en 1870-71, on admit à leur aide une grande quantité de personnes dévouées, au moins en apparence, car, il faut bien le dire, quoique cela soit fort pénible, bon nombre de ces volontaires ne s'enrôlaient sous la bannière sacrée du dévouement, que pour se soustraire au recrutement qu'ils prévoyaient devoir les atteindre.

C'est sur les lâches de cette catégorie, sans doute, que doit retomber la réprobation générale qu'a soulevée, parmi nous, leur indigne conduite pendant la longue période de guerre à laquelle nous avons pris part.

Ce sujet nous est trop amer pour que nous le traitions en détail ; nous nous contenterons d'affirmer qu'aux batailles ou combats principaux auxquels nous avons assisté, nous n'avons jamais aperçu, sur le théâtre de l'action, un seul de ces transfuges du devoir dont les équipages encombraient nos routes, entravaient nos marches quand le danger avait cessé et qui, au bruit du canon, allaient bien vite réfugier leurs précieuses existences dans les meilleurs gîtes, sauvegardés par l'inviolabilité de leurs brassards dont ils faisaient un usage abusif.

Loin de moi la pensée de nier ou de chercher à atténuer les actes de dévouement et même d'héroïsme, les services distingués rendus par certains membres de cette corporation. Non ! Je ne m'adresse qu'à ceux (et le nombre en est trop grand) qui n'ont cherché dans cette position qu'un abri contre les projectiles et les misères de la vie de campagne et n'ont vu, dans le noble signe de leurs fonctions, que le palladium de leur existence.

Un fait entre autres.— Le 2 décembre, à Chambon, que le 15e corps venait de quitter et où le 20e se cantonnait, un capitaine du régiment, étant de garde avancée, entendit des gémissements qui partaient d'une petite maison abandonnée. Il y entra et vit un horrible spectacle. 15 ou 20 malheureux soldats d'infanterie gisaient sur un carreau humide, par une température glaciale, privés de toute ressource, ignorés de tout le monde.

Quelques-uns de ces infortunés étaient morts des suites de leurs blessures, de froid, de faim peut-être ; les survivants étaient dans un état effrayant. Ils racontèrent que deux jours auparavant, étant en reconnaissance de nuit, ils s'étaient heurtés contre une forte patrouille ennemie et qu'à la suite de ce combat ils avaient pu, blessés, se traîner jusqu'à cette maison, sans avoir depuis reçu aucun secours.

Que faisaient, en ce moment, messieurs les ambulanciers ?

Ils se chauffaient à quelques pas de là.

Ab uno disce omnes.

ÉPILOGUE.

C'en est fait! Toutes critiques, toutes récriminations concernant les évènements accomplis doivent cesser devant le fatal *Vœ Victis*.

Que les fautes commises ne soient pas l'éternel sujet de nos stériles lamentations, mais qu'elles nous apprennent à nous corriger et nous démontrent la nécessité impérieuse, absolue de travailler, chacun dans la mesure de ses moyens, afin de reconquérir bien vite le rang suprême, le rang prédestiné dévolu à notre chère patrie que Dieu a marquée de son sceau.

Jetons un coup d'œil rétrospectif sur les causes funestes de notre catastrophe, en les envisageant sans passion, sans esprit de système et seulement comme une leçon profitable.

Une grande disproportion numérique existe dans toutes les batailles ou combats qui ont été livrés. Presque toujours nos vaillants soldats ont été écrasés sous le nombre comme à Wissembourg, Reischoffen, Sedan où ils combattaient dans les proportions de 1 contre 6 ou 7.

Il n'est donc pas douteux que notre infériorité numérique soit une des causes premières de nos revers.

La seconde cause, dans l'ordre de gravité, se trouve dans la différence, comme nombre et comme portée, des pièces d'artillerie engagées dans ce grand duel.

Les Allemands avaient, dans toutes les affaires, en bien plus grande quantité que nous, des canons d'une composition meilleure, d'une portée plus longue, d'un mécanisme plus commode et plus simple.

Il ne m'appartient pas de me prononcer, sur ces questions techniques qui sont du ressort des hommes spéciaux, il me suffit de déclarer que nous avons pu, maintes fois, constater *de visù* l'infériorité de nos pièces de 4 (¹) par rapport aux canons prussiens.

La supériorité de l'artillerie prussienne a beaucoup contribué aux succès de cette nation.

La comparaison des fusils des deux armées est, sans aucun doute, à l'avantage du Chassepot moins lourd, plus simple, d'une portée plus juste et plus étendue que celle du fusil Dreyse.

En résumé. — Infériorité numérique des combattants, infériorité en nombre et en qualité des pièces d'artillerie. — Telles sont, à mon sens, les causes primordiales de nos revers que sont venus aggraver d'autres causes d'un ordre relativement secondaire.

Depuis plus d'un demi siècle, l'Allemagne se préparait à venger les sanglants échecs que lui avait infligés Napoléon

---

(1) Nos pièces de 12 étaient très bonnes, mais nous en avions une très petite quantité.

et, chaque jour, elle avait travaillé avec ardeur, sans relâche, à ce but. S'inspirant des vertus et des talents militaires des deux plus grands capitaines des temps modernes, le prince Frédéric et Napoléon Ier, on la voit déployer toutes les ressources de cette horrible et sublime science, avec un génie digne de ces deux grands modèles.

On a pu voir qu'à l'imitation du premier Consul, traçant sur une carte les évolutions des armées avant la bataille de Marengo et prévoyant exactement le lieu et le résultat de la bataille, les généraux Prussiens ont, en plusieurs circonstances, dans la dernière campagne, fait preuve d'une prévoyance et d'une entente de la guerre tout à fait complètes.

Le peuple Français qui brûle si volontiers son idole de la veille et dont le caractère léger vole sans cesse de l'optimisme au pessimisme et *vice versà* après avoir hautement, à la suite des guerres d'Afriques, de Crimée et d'Italie, proclamé le soldat français, le premier soldat du monde, se laisse entraîner, depuis nos revers, à de fausses et malveillantes appréciations, à l'égard de notre valeur militaire.

Le soldat français d'aujourd'hui vaut celui de toutes les époques ; il possède, à l'état latent, les qualités militaires requises, qui n'attendent pour se développer, qu'une direction intelligente, une éducation soignée.

S'il se plie plus difficilement sous le joug de la dicipline que le soldat du Nord, on doit attribuer cette contrainte un peu à son tempérament qui d'ailleurs ne tarde pas à se façonner et beaucoup aux théories subversives de ces ora-

teurs de faubourgs, héros de cabaret, qui cherchent à capti-
ver nos soldats et à leur inculquer des idées de désordre et
d'indiscipline.

C'est en s'efforçant de leur prêcher l'égalité, par cette
stupide et banale maxime : « Un homme en vaut un autre »
qu'on est parvenu à aveugler beaucoup de ces malheureux au
point de leur faire méconnaître les droits sacrés du travail,
du savoir, de l'expérience, représentés par les grades de la
hiérarchie.

En remontant à l'origine des faits qui amènent malheureusement trop de militaires sur les bancs des Conseils de
guerre, on est péniblement impressionné en constatant que
quelques-uns de ces infortunés dont la conduite avait été
jusqu'alors exempte de reproches, sont victimes de ce système de démoralisation organisé par des hommes tarés qui ne
redoutant que l'armée, s'efforcent, mais en vain, de détruire
son esprit toujours dévoué à l'ordre et à l'honneur.

En résumé, le soldat français est bien encore le premier
soldat du monde, à la condition qu'on saura développer et diri-
ger ses qualités natives.

La réorganisation de l'armée repose sur ce principe ;
tirer le meilleur parti des éléments du peuple français.
Quelles modifications apportera-t-on à notre ancien système ?
Sur quelle base va-t-on reconstruire le nouvel édifice ? Jusqu'à ce jour, rien n'est définitivement arrêté, mais tout
porte à croire que le service obligatoire sera adopté, à l'imitation de la plupart des autres puissances.

Le principe du service obligatoire est incontestablement,
de tous, le plus vrai, le plus juste. La dette du sang est

une dette sacrée à laquelle personne ne doit pouvoir se soustraire sans commettre l'acte de lâcheté le plus indigne.

Les peuples de l'antiquité en avaient naturellement fait l'application, à leur origine, n'étant en cela guidés ni entravés par des raisons de politique, ni par des considérations de castes, mais bien dirigés par le sentiment du juste et du véritable patriotisme.

Ce sentiment, si diversement interprété de nos jours, était tellement impérieux dans les grandes républiques d'Athènes et de Sparte, qu'il était devenu excessif, exclusif même, la condition *sine qua non* de l'existence du citoyen. Sous Lycurque, tout enfant, dont les facultés où la conformation paraissaient défectueuses au point de vue du service militaire était impitoyablement noyé.

Rome, la capitale du monde civilisé alors considérait le service militaire comme le premier devoir et aussi comme le premier honneur.

Les Gaulois et les Francs, nos ancêtres, si primitifs dans l'art de la guerre, n'ont résisté très longtemps au plus grand général de l'antiquité, Jules César, que parce qu'ils étaient essentiellement guerriers et que sans distinction de sexe et d'âge, tout ce qui, chez eux, pouvait porter une arme, combattait dans la mesure de ses forces.

Je pourrais multiplier à l'infini, ces exemples du service général chez les peuples de tous les temps et de toutes les contrées, mais ce serait une superfétation inutile et je préfère chercher dans un autre ordre quelques considérations qui découlent de la justice la plus élémentaire et qui sont développées par une logique irréfutable.

Le tirage au sort n'est ni juste, ni conséquent avec le but visé.

Ce but étant la défense du sol sacré de la patrie, c'est-à-dire un devoir que, malgré notre dégénérescence, nous considérons encore, et à juste titre, comme le premier, par la plus étrange aberration, nous n'en laissons pas moins ce soin au hasard.

Si nous avons à prendre 100 soldats sur un contingent de 300 qui concourent, nous sommes fatalement, de par la loi, condamnés à exercer notre choix dans un cadre restreint, laissant de côté la majeure partie des bénéficiaires de cette loterie parmi lesquels beaucoup assurément valent mieux, ont plus d'aptitudes, offrent plus de garanties que certains de ceux légalement imposés.

Si cette funeste considération du budget, devenue si dérisoire par les conséquences qu'elle a entraînées, devait nécessiter un choix, on comprendrait encore qu'il s'exerçât sur la totalité des individus qui, dès le principe, bien pénétrés du devoir et de l'honneur de la servitude militaire, ne se considéreraient pas comme lésés, par le fait de leur acceptation, mais bien comme distingués, ce qui, au lieu de ravaler la noble carrière des armes, l'élèverait et la replacerait au rang qui lui est dû, c'est-à-dire le premier.

Autre considération tirée de l'ordre physique.

Parmi les 100 soldats désignés par le sort, il s'en trouve une certaine quantité qui, grâces à leur fortune, se font remplacer sous les drapeaux.

Cette substitution n'est-elle pas inconséquente, abusive? Quelle est le but de l'armée ? La défense du sol. A qui appartient le sol? A ces mêmes individus que la fortune aveugle a dotés, dès le berceau, et qui passant leur vie à jouir de ses faveurs, envoient, pour ne pas en interrompre le cours doré, quelque pauvre diable de prolétaire, défendre, au prix de son sang, les intérêts matériels que ces parasites ne se sentent pas le courage de défendre euxmêmes.

On les paye, me dira-t-on. Une objection semblable ne mérite pas de réponse.

De graves conséquences découlent de ce système vicieux en tous points et qui est le point départ de beaucoup de pénibles mais légitimes observations auxquelles a donné lieu la guerre de 1870-71.

Comme je l'ai dit ailleurs, depuis quelque et temps de la part d'une classe de la société trop nombreuse, les militaires sont de véritables têtes de Turcs, sur lesquelles le dernier voyou vient traîtreusement baver son venin, lâche et odieuse forme d'agression que la couardise seule lui empêche de traduire autrement.

Des gens même que leur position sociale et leur instruction devraient préserver de cet esprit contagieux de dénigrement systématique, s'évertuent à nous poursuivre de leurs injures et de leurs accusations calomnieuses, alors qu'ils sont les premiers coupables des quelques fautes qui ont pu se produire.

L'armée, disent-ils, est ignorante, indisciplinée ; elle a perdu sa valeur et son prestige.

Si l'armée est ignorante, à qui la faute ? A vous qui, ayant reçu de l'instruction, fuyez ses rangs et y placez, en votre lieu, un malheureux privé de ce bienfait.

Si elle était indisplinée, à qui serait la faute ? A vous encore qui, par vos théories malsaines et au moyen de séductions bestiales, cherchez à détruire dans l'esprit de nos soldats les principes d'ordre, d'honneur et de devoir que nous nous efforçons de leur inculquer.

Elle a perdu sa valeur et son prestige, dites-vous ?

Pour vous, oui, car elle a perdu votre cause ; mais pour les gens de bien, de même que pour les autres nations, elle a plus que jamais affirmé ses vertus militaires soumises cependant aux plus cruelles épreuves.

Mais, je le répète, la constatation de nos fautes ne doit point faire l'objet de nos éternelles récriminations, mais bien nous servir à les réparer.

Notre nouveau système militaire, espérons-le, aura cet heureux résultat que nous appelons de tous nos vœux.

Le service obligatoire fera disparaître ces antipathies sans raison, basées, le plus souvent, sur un préjugé, une tradition, un sentiment de jalousie ou tout autre mauvais sentiment.

Vivant de la même vie, partageant les mêmes fatigues, soumis aux mêmes devoirs, animés enfin du même esprit, nous retrouverons cette fraternelle solidarité qui fait les nations glorieuses ; dégagés de ces funestes discussions de partis, de ces divisions intestines si préjudiciables à notre pays et, par contre, si favorables à nos ennemis, nos volontés et nos bras s'uniront dans un même but, pour la défense de la même cause, et cette harmonie sublime, en même temps qu'elle décuplera nos forces matérielles, rendra aussi à nos âmes, cette suprême confiance en nos destinées futures dont le cours, momentanément interrompu, ne saurait tarder à se rétablir.

Ce jour-là, le jour du suprême effort qu'il viendra couronner, le Dieu des batailles combattra avec nous et nous rendra notre vieille et glorieuse devise :

Gesta Dei per Francos ?

Moulins, Mai 1872.

TABLE DES MATIÈRES.

PERPIGNAN, TYPOGRAPHIE FALIP-TASTU.

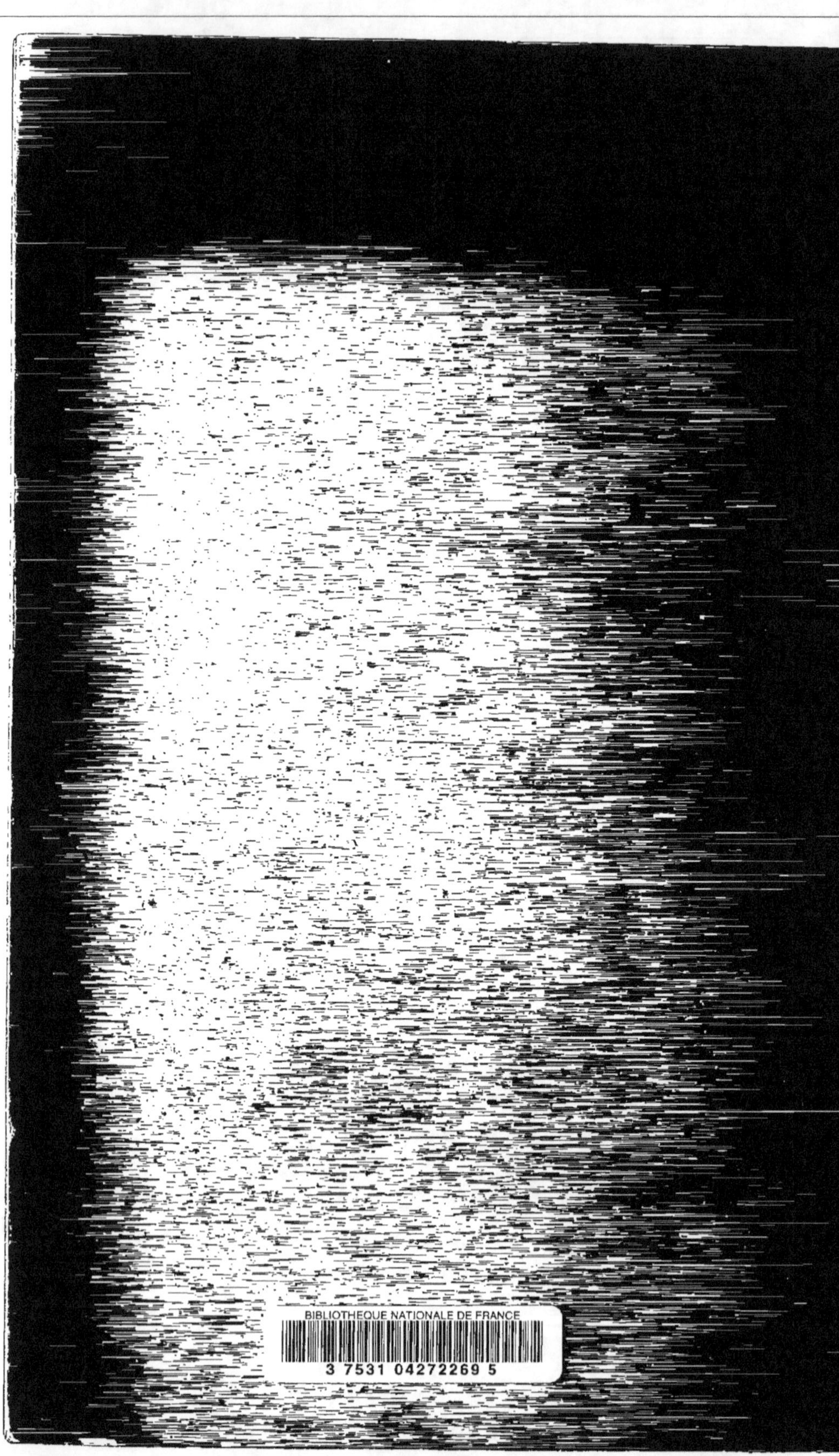

BIBLIOTHEQUE NATIONALE DE FRANCE
3 7531 04272269 5

www.ingramcontent.com/pod-product-compliance
Lightning Source LLC
Chambersburg PA
CBHW061754050726
47598CB00002B/725